## はじめに

# 河野玄斗の「最強の履歴書」とは?

はじめまして。河野玄斗と申します。

私の経歴はかなり特殊でして、東京大学医学部在学中の4年次に司法試験に一発合格して以降、テレビや雑誌などのメディアで取り上げていただくことが多くなりました。

東大卒業後はタレント活動の傍ら、教育会社Ｓｔａｒｄｙの代表となりまして、受験予備校「河野塾ＩＳＭ」の塾長として自ら教鞭を執ったり、勉強ブランド「ＲＩＲＯＮＥ」を立ち上げたりしました。また、２０２２年には三大難関国家資格の一つである公認会計士試験にも合格し、監査法人でも勤務しています。

さらに、「Ｓｔａｒｄｙ－河野玄斗の神授業」というＹｏｕＴｕｂｅチャンネルで、勉強法を始めとしたさまざまな動画投稿を行っております。おかげさまで２０２３年2月現在、**チャンネル登録者数は１００万人を突破**しました。

このYouTubeチャンネルにて、医師国家試験を直前に控える2020年に「最強の履歴書をつくろう」という企画をスタートしました。

私が「勉強のスペシャリスト」としてあらゆる難関資格に挑戦し、その存在自体がもはやネタにさえ思えてくるような「最強の履歴書」を作り上げてみよう。そして、その挑戦の過程を共有することで、何かしらの目標に向かって努力する人たちのモチベーションになってほしい。そんな想いと、遊び心で立ち上げた企画です。

そこから2年ほど経過した2023年2月現在、以下の**12個の資格の取得に成功**しています。

〈三大難関国家資格〉
医師国家試験、司法試験、公認会計士試験
〈その他の難関資格〉
英語検定1級、数学検定1級、統計検定1級、簿記検定1級、漢字検定準1級、宅地建物取引士、世界遺産検定1級
〈その他の資格〉

東京大学医学部卒業、普通自動車免許

２０２２年11月に合格発表が行われた「公認会計士試験」の合格により、**三大難関国家資格を無事制覇**することができました。これをもってこの企画は一応の区切りを迎えた、と言えるでしょう。

この企画を通して数々の難関資格に挑戦し、合格を勝ち取っていく過程で、私自身の中に試験に合格するためにどうすればいいかの知見が多く蓄積されていきました。また、「河野塾ＩＳＭ」の塾長として、受験に対して真摯に向き合っていく中で、その知見が一層ブラッシュアップされています。ちなみに「河野塾ＩＳＭ」にて、合格するためのノウハウを集結させた結果、東京大学に30人以上の合格者を輩出することができました。

読者のみなさんにも合格を勝ち取ってほしいという強い思いから、この本には、そのノウハウを出し惜しみすることなく記しています。

さらに言いますと、**私は「ただ合格する」だけでなく、「いかに効率良く勉強し、短期間で合格するか」を大切にしています。**その理由については本編の中で説明しますが、どんなに難関といわれる資格に挑む場合も、長くても「１年以内の勉強で合格する」ことを前提に計画を立てるべきだと考えています。

実際、私が「司法試験」「医師国家試験」「公認会計士試験」の合格のために、どれくらいの勉強時間を費やしたと思われますか？

司法試験は予備試験まで約8ヵ月。医師国家試験に関してはもちろん、医学部で実習も含めて6年間かけて医学を学んだという前提はありますが、国家試験に向けた勉強自体はほぼ直前1ヵ月でした。公認会計士試験に至っては、予備校のテキストが届いてから論文式試験の当日まで、約9ヵ月といったところです。

このように短期間で合格を勝ち取れたのは、「絶対に1年以内で合格する」という強い気持ちで効率を突き詰め続けたからだと考えています。

短期合格を目標に掲げることは「合格を実現するための最善の手段」だと考えてください。

この本には、資格試験に特化する形で、短期合格するための勉強法、勉強に関するマインドセットの方法、数々の問題の解決法などが詰め込まれています。その構成は次のとおりです。

Chapter1……河野式・勉強に対する考え方

大学受験であれ資格試験であれ、「試験の合格」を目的にして勉強を行う場合は、すべてに共通して有効な勉強法が存在します。この章ではあらゆる試験勉強メソッドの根幹とも言える「逆算式勉強法」をはじめ、勉強を楽しむためのマインドセットの方法などについて解説します。

Ｃｈａｐｔｅｒ２……資格試験の勉強、合格への最短距離はコレ！

独学での試験勉強はアリ？　予備校選びや参考書選びの決め手は？　講義の効果を最大化する方法とは？　ほか、資格試験に特化して最速合格するためのノウハウや心構えなどについて解説します。

Ｃｈａｐｔｅｒ３……げんげんに聞いてみよう！　資格試験の勉強 Ｑ＆Ａ

私のＹｏｕＴｕｂｅチャンネル「Ｓｔａｒｄｙ－河野玄斗の神授業」の視聴者のみなさんからいただいたさまざまな質問をベースに、資格試験の勉強を行っていく中で多くの受験生のみなさんが持つであろう疑問や、ぶつかるであろう壁、その解決法について解説します。

Ｃｈａｐｔｅｒ４……三大難関国家資格　私の合格体験記

司法試験、医師国家試験、公認会計士試験。この数年で私が合格してきたこれらの難関国家試験に関して、私がどのようなスケジュールで勉強し、合格までたどり着いたのかを解説します。科目ごとの攻略法も、可能な限り掲載しました。

この本を手に取られたみなさんが、目標とする資格の最短合格を達成して、**人生における幸福が最大化されること**を、心よりお祈りしております。

# CONTENTS
目次

Chapter 2

# 資格試験の勉強、合格への最短距離はコレ！ 55

Chapter 3

## げんげんに聞いてみよう！ 資格試験の勉強Q&A

# Chapter
# 1

# 河野式・勉強に
# 対する考え方

# 勉強が「できる人」と「できない人」、どこが分かれ目か？

「勉強ができる人とできない人。どこが違うんですか？」

YouTubeに届くみなさまからの質問の中で、かなり多いのがこのような内容です。それに対して、私のいくつかの答えを記していきたいと思います。

## ☑ 勉強のPDCA――選択とフィードバックができるか？

まずは「自分に合う勉強法を選択し、さらによりよい勉強法にブラッシュアップしていく意識を持つこと」。それができる人は、勉強ができる人と言えます。

今の世の中、大学受験にしろ資格試験にしろ、必勝法と銘打たれた勉強法が山のように存在します。暗記法一つをとっても暗記カードを作ることを勧める人もいれば、とにかく語呂合わせを勧める人もいます。マーカーを駆使することを奨励する人もいれば、一問一答式の問題集をとにかく繰り返し解くことを奨励する人もいます。他には、脳科学を使った「場所ニューロンを利用して記憶力アップ」を狙うメソッドもありますね（110ページ）。

それらのメソッドの多くはそれを提唱する本人、もしくは（その人が予備校などの講師だとしたら）その生徒たちの成功体験に基づいたものであり、正反対のことを言っていたとしても**「どちらが正しく、どちらが間違っている」と言い切れないことも多い**ものです（中には明らかに間違った勉強法もある、と私は思っていますが）。

そんな山ほどある必勝法の中で、あなたはいずれかを選んで勉強を実践していくことになります。もちろんその勉強法があなたにとって最適であり、明らかに効果が上がっていると実感できるものであるならば、それに越したことはありません。しかし「どうもこの勉強法だと、頭に入っている気がしないな」と感じることも、十分に考えられます。

プロのサッカー選手が実践している練習法を動画で観て「これはいい」と感じて取り入れてみたとしても、誰もがその練習法で上達できるわけではありません。個々のレベルにもよるでしょうし、ポジションによっても必要なトレーニングは異なります。万人に適したメソッドというものは、世の中には存在しないのです。

そこで大切なのは、**自分の選んだ勉強法に固執することなく、自分にとって最適な勉強法を模索してパーソナライズしていこう、**という意識です。

たとえば、ある単元について教科書は一通り読み終わったが、問題集に当たってみるとまったく手が出ない、ということはよくあります。その場合、勉強の目的は「試験問題を解けるようになること」なので、その目的に沿った形で勉強法を見直さなければなりません。いわば**「勉強のＰＤＣＡサイクルを回す」**必要があるのです。

ＰＤＣＡサイクルとは「ＰＬＡＮ（計画）―ＤＯ（実行）―ＣＨＥＣＫ（評価）―ＡＣＴＩＯＮ（改善）」の繰り返しのこと。

Ｐ―まずは目的に沿った計画を立て、

Ｄ―その計画を実行する。

Ｃ―ゴールまでの過程で自分の計画が正しかったか、よりよい手段はないかを評価・確認する。

Ａ―それを踏まえ改善策を模索し、それを新たな計画として立案、実行する。

## 勉強のPDCAサイクルを回す

### PDCAサイクルとは

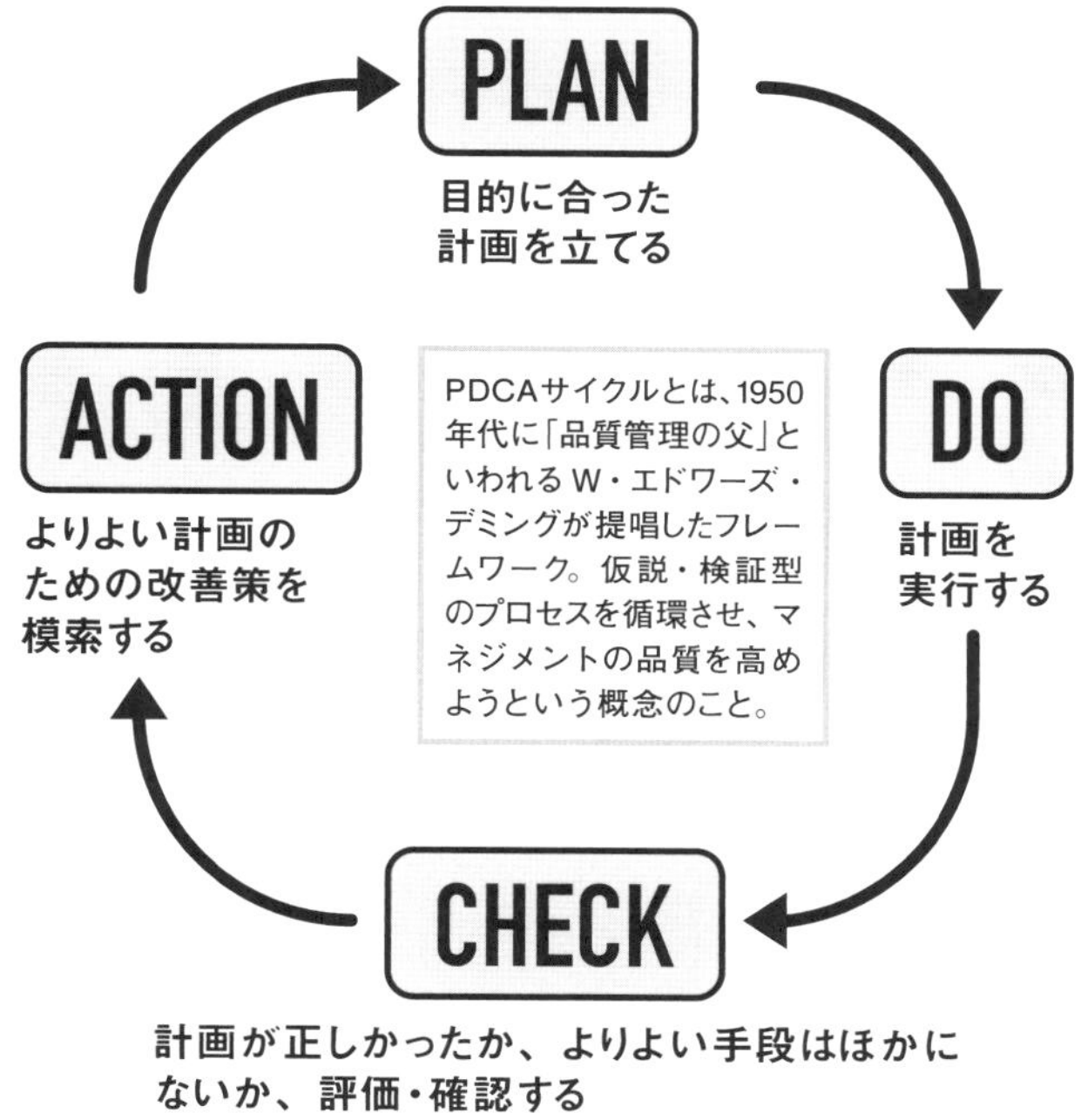


目的に合った

よりよい計画の
ための改善策を

PDCAサイクルとは、1950年代に「品質管理の父」といわれるW・エドワーズ・デミングが提唱したフレームワーク。仮説・検証型のプロセスを循環させ、マネジメントの品質を高めようという概念のこと。

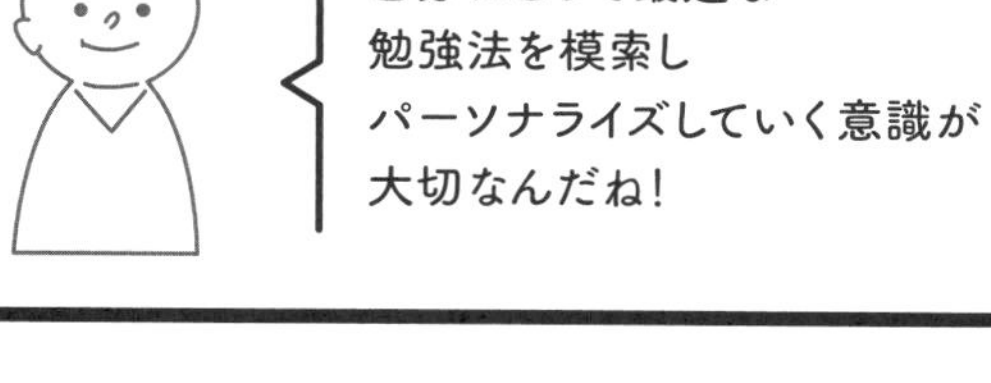
自分にとって最適な
大切なんだね！

この繰り返しを「ＰＤＣＡサイクルを回す」といいます。これは企業経営やチーム運営などに代表されるビジネスの文脈でよく使われる言葉ですが、勉強法も含めたすべてのジャンルに当てはまる考え方です。

もちろん、実際に成果を上げている方々が提唱している勉強法をまずは取り入れてみることが大切です。この本に関しても、**河野玄斗という男が二十数年間、ＰＤＣＡサイクルを回し続けたことでたどり着いた勉強法を記したもの**です。皆さんの代わりにＰＤＣＡサイクルを何度も回してありますので、**一旦これを模倣することで、皆さんのＰＤＣＡサイクルを回す手間が省ける**わけです。

そのうえで、その勉強法にもし合わないところがあれば「なにか合わないけど、いいと書いてあるんだから、とにかくやり続けよう」と固執するのではなく、その勉強法を自分に合わせて少しずつ改善していくことが必須です。これが「勉強のＰＤＣＡサイクル」なのです。自分なりの「勉強のＰＤＣＡサイクル」を回せる人は、勉強が得意な人と言えるでしょう。

## ☑ 全体像を摑み、初手から完璧を目指さない

長時間ちゃんと勉強してはいるものの、成績が一向に上がってこない。努力の成果が試験

の点数に表れないだけでなく、自分の中でもどうも理解が進んでいる気がしない。そういう人たちが陥っている失敗の多くが**「科目の全体像を意識していない」**のに**「細部を掘り返すような勉強をしてしまっている」**というものです。

では、全体像を意識する、とはどういうことでしょうか。

みなさんはＲＰＧ（ロールプレイングゲーム）で遊んだ経験はありますか？　ＲＰＧは、自らが勇者などの主人公としてゲームの世界を冒険し、悪い敵を倒したり、世界を救ったりするゲームのジャンルです。

ＲＰＧで遊んだことがある方ならば、冒険におけるマップ（地図）の重要性をご存じだろうと思います。マップがなければスムーズに目的地に向かうことなど不可能ですし、以前に来たことのある街だと気づかずに、無駄に時間を浪費してしまうことも多々あります。

勉強に関しても同じです。「自分がいま勉強している箇所」のみに集中してしまうと、その箇所が単元全体の中でどのような位置づけなのか、その箇所が全体の物語の中でどのような役割を演じているのかを、意識することができません。勉強の場合はもちろん、そう簡単に全体マップを手に入れることはできませんが、勉強の範囲が広がれば広がるほど、手にすべき地図の範囲も広大になっていきます。全体像を摑んでいれば、自分がいま学んでいる知識を、その地図の中で体系づけて記憶に定着させやすくなるのです。

また、私はよく「全体像を摑む」ということを「一本の大木を育てる」ことにたとえて説明します。

一本の大木を育てようとした場合、もっとも重要なのは「丈夫な幹を育て上げる」こと。**勉強において、幹は「重要な知識のみを、一貫したストーリーの中に配置して作り上げたもの」**であり、それ以外の派生的な知識や情報は「枝葉」にたとえることができます。

教科書や「基本書」と呼ばれる参考書は、試験で出題されるであろう、あらゆる情報を網羅する形で作られています。その中には必ず出題される「最重要ポイント」もあれば、それほど重要ではなく滅多に出題されない些末な知識もあります。

そんな教科書を「読んだところを完璧に理解してから次に読み進めよう」とする人も多いのですが、「試験に合格する」という目的を考えると、それはあまりにも非効率的です。

教科書や参考書の一部分を一度読んだだけでは、どこが重要な「幹」の部分なのかを判断

## 科目の全体像を意識する

### マップの重要性

**マップなし**

ゴールまでの最短距離がわからずムダな動きが多くなる

**マップあり**

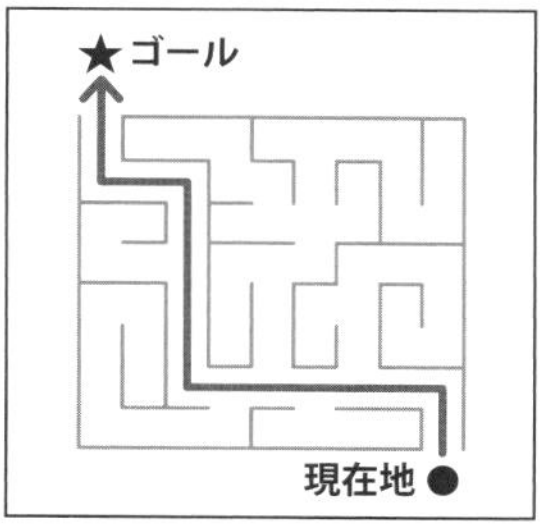


ゴールまで最短距離で効率的に到達できる

### 科目の全体像を掴む＝一本の大木を育てる

**枝葉**

幹から派生した知識や情報。試験の出題頻度は幹より低い。

**幹**

学びの基礎となる重要な知識のみを一貫したストーリーの中に配置したもの

**落ち穂**

ほぼ試験に出題されないマニアックな知識

一つの単元だけに着目していたら、学んだ知識のうちのどの部分が「幹」に当たるのかを判断できない。一つ一つを完璧に覚えようとせず、とりあえず理解できたら全体像を意識しながら次へと進めていくことが大切。

できません。気がついたら「枝葉」どころか「落ち穂拾い」のような勉強をしているようでは、どんなに勉強時間を積み重ねたところで、目的を達成することはできません。

つまり「全体像を意識する」ために大切なことは、一つ一つの単元や項目について「完璧にマスターしよう」「すべて覚えてから先に進もう」などとは考えずに、**とにかく「一旦理解だけはしよう」くらいの感覚で次に進むこと**です。さらには、**ある単元を勉強したら早めに実践問題（過去問など）に当たる**ことで、「この単元における『幹』はどの部分なのか」が意識できるようになるわけです。

試験勉強に限らず「常に完璧を目指す人」というのが、自らの描く自分の像と現実との乖《かい》離《り》に苦しめられ、挫折してしまいがちなのは、みなさんも想像できると思います。一方で「とりあえず理解はできた」くらいで先に進んでいける人は、自分に見える世界が広がっていく中で、過去に勉強した単元の全体像の中での位置づけ（マップにおける配置）も少しずつ見えてきて、いわば「勉強の解像度が上がってくる」のです。

まずは「一つ一つを完璧に覚えようとせず、理解できたら全体像を意識しながら次に進めていく」こと。そして全体像を把握したら、2周目以降は「枝葉」にも少しずつ目を向けていく。これだけで知識の習得効率が圧倒的に上がることを体感できるはずです。

あなたは誰もが知っている「織田信長」がどのようなことを行ったかを説明できますか？仮に「楽市楽座」や「本能寺の変」などの言葉が出てこなかったとしても、「要はこういう感じのことをして、次の時代に繋がっていった」というおおまかな全体像を説明できるのであれば、細かい用語の暗記は後でいくらでもスムーズに行えて、最終的には高得点が望めるようになる、ということです。

## ☑ 自分に適度な負荷をかけられるか？

勉強ができる人とできない人の違いにおける、3つ目の重要な要素は**「自分を知り、乗り越えられる程度の適度な負荷を自分にかけ続けられるか」**です。

資格の取得を心に決めて勉強の計画を立てるとき、多くの人は初めはやる気に満ち溢れ、無理にでも勉強にかける時間を捻出しよう、と努力するものだと思います。

しかし、よく例として挙げられるように、１００ｍを10秒で走れる短距離走の一流選手でも、42・195㎞を1時間10分で走ることができるわけがありません。

長期間のダイエット計画などでも同じなのですが、（もとの体型によるとはいえ）1ヵ月に体重を10％も落とすような食事制限＆トレーニングの計画を立て、努力の結果としてそれを達成できたとしても、そこまでストイックな生活を何ヵ月も続けられる人は、非常に少ないでしょう。

その一方で、ダイエットを志す前とほとんど変わらないような生活をしているようでは、当然ダイエットの成果が出るはずがありません。大切なのは、自分で自分に「ある程度耐えられるレベルの負荷」をかけ続け、それを継続・習慣化することなのです。

特に注意すべきは、**「モチベーションの高い勉強開始初期に無理な計画を立て、ほどなく挫折してしまう」人が多い**ことです。ここでもダイエットや筋トレを例に考えてみましょう。

たとえば今まで運動したことのない人がダイエットを決心して、「毎日スクワット30回」はしたほうがいいだろうと計画したとしても、実際にはスクワット10回でもキツいかもしれません。

そのときに計画を変更せずに継続すると、理想と現実の大きな差に心折れて挫折してしまうか、あるいはその目標値はどうせ達成できないものだと脳が認識した結果、目標自体が意味を成さないものとして形骸化してしまうおそれがあります。

そのため、無理な計画であると認識した時点で、自分の限界値を勘案した適切な計画に設定し直すことが重要なわけです。たとえば、まずは目標を自分の限界値ギリギリのスクワット10回とし、毎週その回数を5回以上増やしていくという計画に変更することで、次第にトレーニングの成果が上がっていきます。

**人間はそれがよほど過酷な条件でない限り、多少の負荷には徐々に慣れていくものです。**なにより自分に、自分が耐えられるレベルの負荷さえかけない人は、順調な成長など望むべくもありません。

自分が耐え得るレベルの負荷を「習慣化」するための方法は、Chapter 3で別途解説しています。ここでは「無理のある負荷のかけすぎはNGだが、多少の負荷もかけない人は合格に近づけない」という当たり前のことを、心に留めておいてください。

## ☑ 勉強してもどうせ忘れる！　それでも落ち込むな！

「無理な計画を立て、ほどなく挫折してしまう」人が多いという話をしましたが、これは何も日々の計画に限った話ではありません。

やる気を大きく削がれる場面といえば、やはり「勉強したはずの内容が、すっぽり頭から抜け落ちていた」ときが挙げられると思います。「せっかく時間をかけて勉強したのに、無駄になってしまった」と感じ、今後の勉強もどうせ無駄になるだろうと思い込んで、モチベーションを失ってしまうのです。

これは、普段あまり勉強しない人に多い現象です。というのも、重い腰を上げてやっとの思いで少し勉強したのに、その時間が無駄になったのですから、それはやるせない気持ちになるでしょう。

一方で、私みたいに普段から勉強している人が同様の場面に出くわしたときは、あまり落ち込みません。それは**「忘れることなんて当たり前」だと認識していて、「一回覚えたら一生覚えているだろうから、そのまま試験本番に突っ込もう」という無謀な計画をそもそも立てていないから**です。

「人間はどうせ忘れる生き物なのだから、もっと勉強時間をとって繰り返し覚え直せばいいじゃない」というマインドセットで勉強し、モチベーションを失わないようにしましょう。

## ☑ 勉強時間×勉強効率＝勉強の成果

司法試験ならば、平均勉強時間は４０００～８０００時間。公認会計士試験の場合は３５

00〜4000時間が目安であると言われています。これはあくまで「平均」であり、実際にはこれ以上勉強したはずなのに合格までたどり着かなかった、という人も山ほどいることでしょう。しかし逆に、平均よりもずっと短い時間で合格を勝ち取った受験生も少なくないはずです。

**勉強時間×勉強効率＝勉強の成果**です。どれだけ長時間勉強したところで、効率の悪い勉強法から抜け出すことができなければ、思ったような成果が挙げられないまま、自信ゼロの状態で試験当日を迎えてしまうことになりかねません。

（2023年現在）メジャーリーガーであるダルビッシュ有投手は、以下のようにツイートしています。

「練習は嘘をつかないって言葉があるけど、頭を使って練習しないと普通に嘘つくよ」

必死で体をいじめて長時間の練習をしたとしても、その**練習方法が理にかなったものでなければ、成果が出るどころか逆効果となることもあります。**投手が肩の故障などしたら目も当てられませんよね。勉強に関しても、同じことが言えるのです。

その勉強効率を上げるために大切なメソッドは、これまでに述べてきたＰＤＣＡサイクルや「全体像を把握する勉強法」も含め、この本の中でさまざまな切り口で紹介しています。まずは「勉強時間だけが大切なのではない。効率の良い勉強方法を確立することこそ大切なのだ」ということを意識してください。

## ☑悩まずに考え、ためらわずに実行できるか？

勉強のできる人とできない人の違い。この項目の最後は**「悩まずに考え、ためらわずに実行できるか？」**です。

みなさんは「悩むこと」と「考えること」の違いを意識したことはありますか？

少し雑な言い方になってしまいますが、「悩むこと」は、ある問題に対して漠然と「どうしよう」とあたふたして立ち止まっている状態、ということができます。一方で、**「考えること」は、ある問題に対する解決策をロジカルに模索していくこと**です。

悩んでいるときの人間は、ストレスフルな状態です。人間はストレスフルな状態になってしまうと、特定の情動に支配されてしまい、その結果、「前頭前野を使って深く考える」という知的思考力が発揮できなくなります。

そんなときにはどうすればいいか。ストレスフルな状態が「前頭前野を使えなくなっている状態」であるならば、**ストレスの原因に対して「前頭前野をフル回転させた知的な思考」を使ってアプローチ**していけば、ストレスは自然と消えていくのです。

目の前にあまりにも大量の課題があるとき、「こんなに大量の課題はこなしようがないよなぁ。どうしよう……」と漠然と悩むのではなく、「この大量の課題を期日までにこなすためにはどうすればいいか」を具体的に考えましょう。ゴールまでの道筋が見えてくれば、不安感は解消されて、目の前には「やるべきこと」だけが残ります。

「やるべきこと」が見えたら、何より大切なのはその計画を実行することです。もちろんPDCAサイクルを回す中で計画に変更が生じることはあるでしょうが、それもこれもまずは「実行」があってこそです。どんなによくできた計画も、それを実行し、形にすることができなければ、何もやっていないのと同じことなのです。

これは当たり前のことではありますが、**世の中の大半の人はこの当たり前のことができません。みなさんはこれを実行するだけで相対的に優位に立つことができるのです。**

# 河野玄斗が提唱する「逆算式勉強法」とは？

私のお勧めする勉強法、その根幹にある考え方は「明確に目標を定め、そこに至るまでの道のりを確定し、タスクを細分化して実行する」というものです。まずはやるべきことを可視化してから戦場に出る。大きな目標から逆算して細分化することで、スケジュールを作る。これを「逆算式勉強法」と呼んでいます。ここでは、その概要について説明します。

## ☑ 逆算式勉強法を実践するための5つのステップ

逆算式勉強法は、次の5つのステップを実践することで実現できます。

**①目標を知り、具体的なゴールを設定する**
**②ゴールまでにやるべきことを決める**
**③やるべきことをスケジュールに落とし込む**

④**計画を実践する**
⑤**進捗《しんちょく》状況を定期的に確認する**

それぞれのステップを、具体的に確認していきましょう。

### ①目標を知り、具体的なゴールを設定する

逆算式勉強法は、とにかく最短で目標に到達するためのメソッドです。そのためには、**まず目標の具体的な姿を把握できなければ、実現しようがありません。**

最終目標が「資格試験に最短で合格する」だとしましょう。その場合、各科目で最低何点、平均で何点を取ればいいのかについての情報や、出題範囲のなんとなくの量感、どの程度のレベルまでクリアすべきかの質感についても摑みましょう。

このようにして「最終的にどうなっていればいいのか」がわかって初めて、現時点での自分の状況と比べることができるのです。

ただし、この時点では実際に勉強を始めていないので、限られた情報に基づいた「粗削りな目標」を設定するのみで十分です。**勉強を進めながら臨機応変に変化させていきましょう。**

**②ゴールまでにやるべきことを決める**

目標の姿を明確に見定め、それを達成するためには自分に何が足りないのかを具体的に把握しました。次に行うべきことは、その足りない部分を補うために、**自分が何をすべきかを具体的にリストアップする**ことです。

たとえば、受けなければいけない予備校の講義は何コマ（何時間）あるのか。マスターすべきテキストは何冊あり、当たっておくべき問題集は何冊あるのか。また、各参考書は完璧に覚えなければならないのか、あるいは何となく理解して進めていけばいいのかなどもイメージできるのが理想です（あまりこのことにこだわりすぎる必要はありませんが）。

現在の自分の学習状況（ゼロの場合もあれば、ある程度の素地が存在する場合もあるでしょう）を基に、実際にやらなければならないことを、ざっくりでいいのでリストアップします。

**③やるべきことをスケジュールに落とし込む**

自分がやるべきことが見えたら、それを期日（試験当日）までにクリアするためのスケジューリングを行います。このスケジューリングに関しても、コツがあります。

まずは数週間〜数ヵ月単位の**長期的な「ＴｏＤｏリスト」を作成**しましょう。「この科目は○月までに履修し終える」「この参考書は○週間でクリアする」など、期日までにやるべきことをざっくりとスケジュールに落とし込みます。

もちろん初めて手にする参考書、特に初学のジャンルに関しては、ボリューム感も学習のスピード感も正確には把握できないものです。そのため、はじめはあまり詳細なスケジュールを組むことなく、おおよそのスケジュールに基づいて勉強をスタートして、実践していく中で適宜修正していく、という意識でＯＫです。

徐々にペースが摑めてきたら、「今週は勉強に割ける時間が多いから、１００ページ進めよう」「今日と明日は家族の用事が入っているから、10ページくらいにしておこう」などと、**週単位・日単位のスケジュールに落とし込んでいきます。**

理想としては、前日の夜もしくは勉強開始前に作成した、「今日の1時間単位のＴｏ Ｄｏリスト」をざっくり確認し、それに沿って勉強を進めていく、という詳細なスケジューリングができれば完璧です。

### ④計画を実践する

どんなに詳細かつ実践的なスケジュールを作成したとしても、そのスケジュールに沿って実際に勉強をしなければ、当然ながら何の意味もありません。**「ためらわずに実行する」を実践できる人間しか、目標の達成に近づけないのです。**

ただし、実践していくと必ず、予定通りにタスクを消化できない日がやってきます。想定外のトラブルに巻き込まれることもあれば、病気や怪我などもあるでしょう。頭のスタミナが持たずにリタイアしたり、欲望に負けてしまうタイミングもあるかもしれません。

ここで大切なのは**「たとえ計画が崩れたとしても勉強をやめてしまわないこと」**です。途中で投げ出してしまったら、そこまでの努力がほぼ無意味なものになってしまいます。しかし投げ出さずに続けてさえいれば、多少遅れてしまったとしても、目標に少しずつ近づいていくことは確実です。

仮に丸一日、もとの計画から遅れたところで、長い目で見れば取り返せるものです。ペースダウンしたときもむやみに落ち込まずに、勉強し続けることだけを考えましょう。

### ⑤進捗状況を定期的に確認する

先に挙げた「PDCAサイクル」の「C」（CHECK）の部分になります。自分の立てた計画が順調に進んでいるか。想定外のトラブルはなかったか。勉強法の選択は最善のもの、効率的なものだったかを、事あるごとに自分に問いかけていきます。

そのうえで改善すべき点を見つけたら、ためらわずに改善法を模索して、実行していきます。**この繰り返しで自分にとって最適な勉強法にパーソナライズしていくこ**

## 逆算式勉強法とは

### 逆算式勉強法5つのステップ

**1 目標を知り、具体的なゴールを設定する**

各科目の合格点や出題範囲のボリュームとレベルを把握してどのくらい勉強すればいいかを割り出そう

**2 ゴールまでにやるべきことを決める**

自分に何がどれだけ足りないかが見えたら、
それを補うためにやるべきことをリストアップしよう

**3 やるべきことをスケジュールに落とし込む**

まずは数週間〜数ヵ月単位のToDoリストを作成してみよう

**4 計画を実践する**

実際に勉強しなきゃ意味がない。多少の計画の遅れを許容しながら前に進もう

**5 進捗状況を定期的に確認する**

計画と現実をつき合わせて、
よりよい方法を模索していこう

とは、より勉強効率を上げることに繋がります。

## ☑ どんな試験もまずは「1年で合格する」つもりで計画を立てる

資格試験を受けるにあたって、現実的なラインを模索して「$n$年計画（$n$は2以上。以下同様）で合格までたどり着く」という前提で計画を立てる人は少なくありません。

もちろん各々の抱えていらっしゃる事情もあるでしょうし、社会人として働きながら資格試験を目指している方は、ご自身の仕事の都合もあるでしょう。

しかし、私はどんな難関資格試験でも、**まずは1年以内の合格をなるべく目指してみる「速学」をお勧めしています。**

「$n$年計画」というのは、無理のない勉強計画である一方で、その「$n$年目の試験」の直前になるまでは真の意味では追い込まれません。ある程度の焦りがなければ、人間はなかなか本気になれないものです。

勉強に本気になれなければ、本気の人と比べて否応なく勉強効率は下がります。みなさんも一週間後に控える定期試験に向けて勉強を始めたけれども、試験前日までは結局半分も進まず、残り半分の内容を一夜漬けで詰め込んだという経験はあるのではないでしょうか。

人生の時間は有限です。**どうせ合格するなら、当たり前ですが早く合格してし**

**まったほうが、残りの人生を有意義に過ごせるものです。**人が追い込まれたときの力を最大限活かすためにも「速学」をお勧めします。

実際、私が公認会計士試験を受けたときは、予備校からのテキストが私の手元に届いてから試験の本番まで、9ヵ月程度しかありませんでした。それでも「何としても1発で合格してやる」と強く考えて逆算式勉強法を駆使し、合格までたどり着くことができました。

このように短期合格できたのも、そもそも短期合格を目標に掲げていたからです。**人間は目標として掲げていないことを達成することなどできないのです。**

もちろん短期合格を目指して必死で努力した結果、1年目の挑戦では不合格になってしまうこともあるでしょう。だからといって悲観する必要はありません。そうなってしまった場合でも、その時点での到達点は、はじめから「$n$年計画」を立てて勉強している人と比較すると必ず大きなアドバンテージが生まれています。結果として、2年目において合格する可能性は跳ね上がります。

**どのような結果に転ぶとしても、「1年で合格する」という気持ちで挑戦してみることによるメリットは大きい**のです。

# 「楽しい」は最強！　勉強を楽しむという考え方

「どうしても勉強がつらい、モチベーションが維持できない」

「勉強をしなければいけないことはわかっているけれど、やる気が出てこない」

私のYouTubeチャンネルに送られてくる相談の中にも、この類いのものがたくさんあります。このような方々も、ご自身の興味があること、楽しいと感じていることに対しては「モチベーションを維持できない」「長時間やることが辛い」とは感じないでしょう。

## ☑勉強はコスパ最強の遊びである

以前の著書でも記したとおり、**勉強は「コスパ最強の遊び」です。**これが私の意識の根底にあります。勉強を楽しむ気持ちがあれば「やらなければならない」という義務感で机に向かうこともなくなりますし「やらされている」という受け身の意識とも縁遠いものになります。

これは私が幼いころから、両親に「勉強の楽しさ」を教えてもらえていたことが原点にあります。塾講師だった母は、問題に取り組む私の側で、いつも褒めてくれました。私はうれしくなって、自分から次々と学習を進めていくようになりました。父は試験に向かう私に対して「頑張ってね」ではなく「楽しんでね」という言葉をかけてくれていました。「やりなさい」と命令するのではなく「やったら褒める」。このような両親に育てられたことは、本当に幸運だったと思います。

それでは、勉強に対して現時点でこのような想いを持てていない人はどうすればいいか。私は、**人がモチベーションを高く保つためのポイントは以下の2つ**だと考えています。

①自分の中で「メリット」や「やりがい」を感じているとき
②シンプルにそれ自体が楽しいとき

私にとって勉強は、上記の①でもあり②でもあります。一方で、現時点で②を感じられない方々にとって、ひとまず大切なのは①です。勉強することの「メリット」や「やりがい」を順に見ていきましょう。

## ☑「人生というゲーム」のパラメーターアップの手段が「勉強」

そもそも勉強には、メリットしかありません。以下にその一部を挙げてみます。

### ◇将来の選択肢が増える

あなたが学生であり、将来なりたい職業、夢が決まっていないならば、勉強をしてひとまず「いい大学」に入ることで選択肢は広がります。

また社会人であるならば、資格を取得することで昇進や昇給、もちろん転職にも有利に働きますし、今まで考えたこともなかったような選択肢も目の前に出現し得るのです。

### ◇人生を豊かにする出会いに恵まれる

勉強して、いい学校や優秀な職場に進めば、必然的に周囲には優秀な人たちが集まります。

環境は人間を作ります。優秀な人たちの中で過ごしていれば、自分の考え方や言動もその影響を受け、気づくと「当たり前」のレベルがとんでもなく高くなります。さらには周りの優秀な友人が、そのままビジネスにおけるベストパートナーとなることもあるでしょう。

**◇思考力が鍛えられ、自分に自信がつく**

勉強を通じて身についた思考力や問題解決力、タスク処理能力は、そのまま勉強以外のあらゆる局面に応用できます。学生時代よりずっと勉強のＰＤＣＡサイクルを回し続けてきた人は、仕事の上でも自然とその考え方を応用することができ、成功に近づくものです。

さらに、試験の合格や問題解決による成功体験を積み重ねることで、自然な形で自分に自信が持てるようになります。自分に自信が持てることは、人生におけるさまざまな難関に挑戦し、立ち向かうための原動力となり得ます。

**◇直接的に収入アップが導かれ、人生における幸福の最大化に繋がる**

多くの人は「学歴が上がれば／資格を取得すれば年収が上がる」ということは、ぼんやりと想像はできるでしょう。しかし「実際にどれくらい上がるか」を計算してみたことはあるでしょうか？

仮にあなたが来年の公認会計士試験に首尾よく合格し、その先40年間、公認会計士として働くことができたとしましょう。

会社員であるあなたの年収は、現時点で６００万円前後だとします。公認会計士の平均年収はおよそ１０００万円です（令和２年度・１０００人以上規模の事業所の場合）。今から

4000時間の勉強で合格を勝ち取れたとしたら、この「勉強の時給」はどれくらいになるでしょうか。

いささか乱暴な計算であることは承知していますが、

**（1000万円－600万円〈年収の差額〉）×40年÷4000時間＝4万円**

**公認会計士の試験勉強は、時給4万円の仕事に相当する、と考えることもできるのです。**

もちろん人生において、収入がすべてではありません。しかし収入の増加は、そのまま人生における選択肢の増加にも繋がります。自分の欲しいものが手に入るだけでなく、新たな事業に投資することもできますし、お金があるという安心感があれば、起業などリスクの大きい行動もとりやすくなります。そのいずれに関しても、先立つものがあってこそであることは否めません。

これらは私が思いつく勉強のメリットのほんの一部です。これらのメリットを明確に意識することは勉強のやりがいにも繋がり、モチベーションアップに大きな役割を果たすものなのです。

## ☑ RPGを攻略するような気持ちで資格試験の勉強をやってみる

人がモチベーションを高く保てるときは**「①自分の中で『メリット』や『やりが**

**い』を感じているとき」「②シンプルにそれ自体が楽しいとき」**の2つのパターンがあり、勉強で②の気持ちになれない人は、まずは①を意識することでモチベーションに繋がるという話をしました。

とはいえ、やはり最強なのは②です。**勉強自体を楽しいと感じることができるならば、試験勉強においてかなりのハードルをクリアしているようなもので**す。

どうすれば勉強自体を楽しいと思うことができるのか。そのためのマインドセットとして一つ有効なのは「RPGを攻略するような気持ちで勉強をやってみる」ということです。

試験勉強の広大な出題範囲をRPGのマップにたとえた話は、すでに記しました。ここではもっと直接的に、**試験勉強全体をRPG攻略に見立てていきます。**

RPGの主要な目的は、自らが主人公となり「悪の大ボス」を倒すこと。この「悪の大ボス」は、もちろん資格試験本番を指します。

ミッションを達成するためには、修業を重ねて遭遇する敵を倒して経験値を積み、レベルを上げるべく自らのパラメーターを引き上げていく必要がありますよね。この修業が、当然ながら日々の勉強となります。

さらに強大な敵を倒すためには、ハイレベルな魔法を身につけたり、より強力な武器を手に入れたりする必要があります。勉強においては、新たに学んだ公式や知識、問題の解法、意識する論点などが、このハイレベルな魔法や強力な武器に当たると言えます。「新しい公式を覚えた」のではなく、「敵を倒す新たな武器を手に入れた」と考えるのです。

日々、立ち向かっている問題集は、道端でモンスターを倒しているようなもの。スライムレベルの雑魚《ざこ》キャラもいれば、レベルの低いうちはなかなか歯が立たない怪物もいます。一度はそんな敵に負けてしまっても（問題を解くことができなくとも）、解答を確認して復習することで攻略法を手に入れれば、リベンジマッチが可能です。

難解な問題に出会ったときも「クソッ！　今回は俺の負けだ！　すぐにおまえを倒せるくらい、レベルアップしてくるからな。またやろうぜ！」くらいのマインドでいられれば、幾度となく立ち向かっていくことができるでしょう。

また、**勉強は「ゲームの主人公である自分自身の能力値、パラメーターを上げる手段である」**と考えることもできます。ゲームにおいては「攻撃力、防御力、素早さ」などのパラメーターがありますが、それをそのまま「数学力、国語力、英語力」などと置き換えてみましょう。頭の中でそのパラメーターのレーダーチャートを想像したときに、勉強するにつれてどんどんそのチャートが大きくなっていくところを想像すると、自然とやる気が込み上げてくるものです。

ここで**視点を変えて「人生全体」をゲームにたとえる**ならば、資格試験はその「ゲーム内ミニゲーム」にたとえることができます。魔王を倒して世界を救うＲＰＧでも、特定の街のカジノゲームなどで遊べることがありますが、イメージはそのカジノゲームに近いです。

クリアしなくとも人生というゲームをプレイし続けることはできますが、挑戦することによって強い武器が手に入ったり主人公が強くなったりと、今後のゲームを有利に進められるようになります。

**どんな事象でも捉え方一つで、ポジティブにもネガティブにも転じるものです。**「思い込み」でいいので、何事もポジティブに捉えるマインドセットを手に入れることができれば、資格の勉強以外にも役に立つ力を身につけられるようになるのです。

## ☑ もっといろいろ工夫できる「試験勉強のゲーム化」

ＲＰＧを攻略する感覚で試験勉強を行う、という意識づけにあまりピンとこない人でも、それ以外に試験勉強をゲームとして楽しむ方法はいくらでもあります。

資格試験に挑戦される方のほとんどは、試験本番の前に、予備校で模擬試験を受けられることと思います。この模試はまさに、全国の同志たちが集まって勝負している、タイムトライアルの要素を孕《はら》んだ対戦ゲームのようなものです。やはり多少なりとも「周りの人たちに負けないぞ」という闘争心が湧いてくるでしょう。

この模試の感覚を、普段の勉強にも取り入れる、という方法があります。

具体的には、日常的に手元の問題集に取り組むときに「一定のボリュームの問題を選定し、60分で何点取れるか」という模試形式で学習してみたり、「一問一答を100問ずつ解く」というチャレンジをタイムアタック形式で毎日行い、昨日の自分より何分縮められるか記録してみたり……。

なにも他人と対戦することだけが、ゲームの面白さではありません。筋トレなども他人と比較せずに「過去の自分」と比較して成長が見られれば、それが立派なモチベーションに繋がるでしょう。

ゲーム的要素を自主的に取り入れることで、勉強が次第に楽しくなっていきます。やはり**勉強を「楽しい」と思えれば、それが最強**です。この意識づけは何の負担も準備も必要ないので、ぜひ明日からでも始めることをお勧めします。

## 「勉強を楽しむ」という考え方

勉強で「人生というゲーム」のパラメーターをUP！

### 勉強のメリット

- 将来の選択肢が増える
- 人生を豊かにする出会いに恵まれる
- 思考力が鍛えられ、自分に自信がつく
- 収入がUPし、幸福の最大化に繋がる

### 勉強の楽しみ方

**RPGを攻略する**
**つもりで試験勉強する**

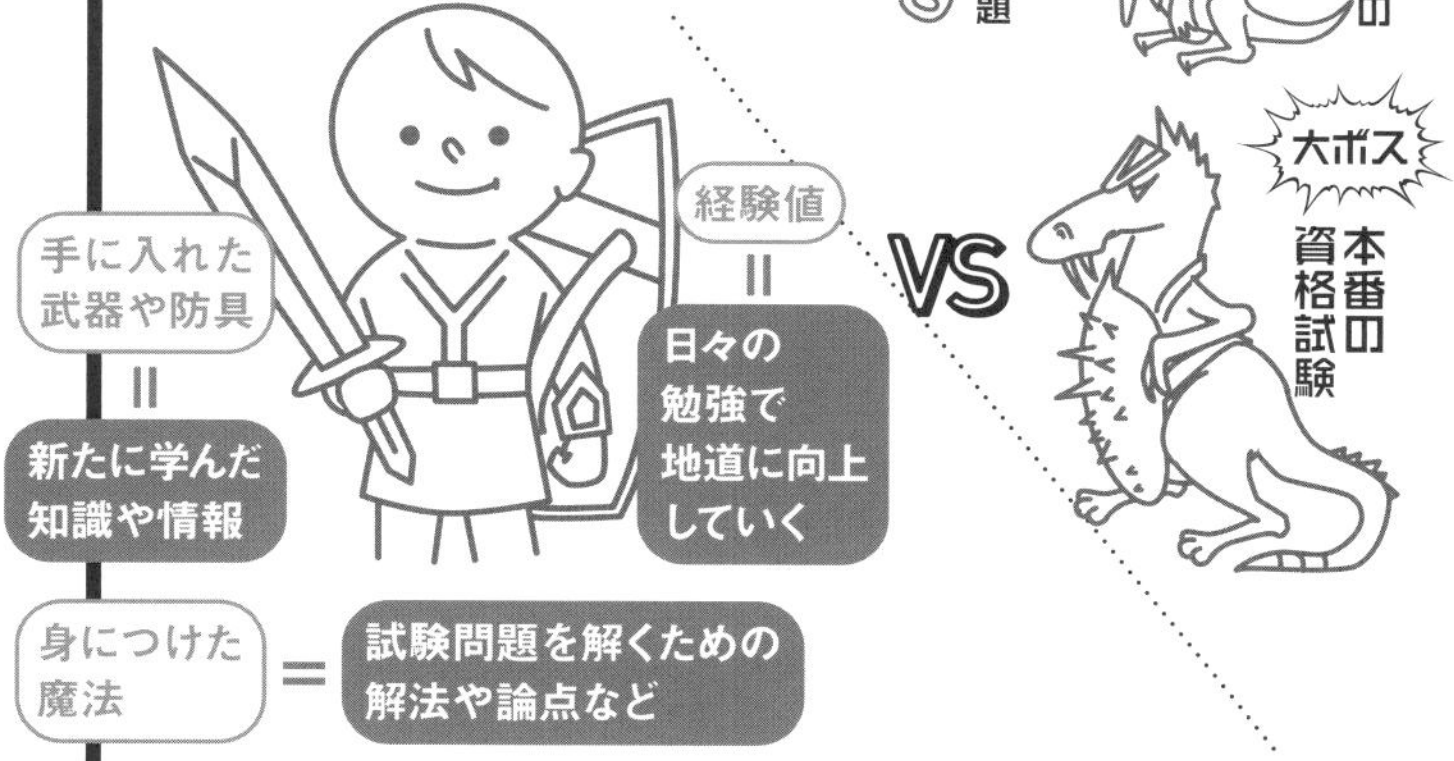


身につけた魔法 ＝ 試験問題を解くための解法や論点など

模試も全国のプレイヤーが集まるオンラインの対戦ゲームだと考えてみよう！

## 社会人として働きながら資格の取得を考えているあなたへ

資格の取得を志している方々の中には、学生の方も社会人の方もいらっしゃると思います。もしあなたが学生であるならば、時間の作り方にそれほど困ることはないでしょう。もちろん大学の勉強も決して楽ではありません。それでも学校の勉強とうまく優先順位をつけて調整すれば、並行して資格試験の勉強を行うだけの時間を取ることはできるものです。

実際に私自身、東大医学部に通いながら、留年などもすることなく、医師国家試験に先立って司法試験にも合格しています。司法試験に向けて勉強していたときは「大学における医学の勉強を単位が取れるギリギリのラインにとどめる」という形で優先順位をつけて、有限な時間をやりくりしていました。学生であれば、このように融通を利かせながら、資格試験の勉強が行えるのです。

### ☑ 公認会計士試験ならば社会人合格者の合格率は3〜4％だと知っておく

もしあなたが社会人受験生であるならば、あなたの進もうとしている道は、決して平坦ではないことを知っておいてください。

社会人は対価として給料をもらっている以上、仕事で手を抜くことができません。そのため、社会人受験者にとって**最大の難関は、「資格試験に合格するための勉強時間をいかにして捻出するか」**なのです。

公認会計士試験を例にとって、いかに社会人受験が茨の道であるかを確認してみましょう。

公認会計士試験の合格率は、年2回ある短答式試験でそれぞれ10％台前半。短答式を合格した人が受験できる論文式試験の合格率が30％台半ばで推移しており、全体の合格率は10％前後です（一見この数字は計算が合わないように見えますが、その原因は、短答式試験に合格すると2年間は同試験が免除されるという制度によるものです）。

ちなみに私が合格した令和4年試験の合格者の平均年齢は24・4歳。当時26歳の私でも、平均年齢を超えています。

さて、ここで重要なのは、いわゆる社会人受験生の合格率ですね。

公認会計士試験は職業別の合格者数なども発表されており、受験生の属性別の合格率を確認してみると「会社員」の合格率は令和4年で2・9％となっていました。ちなみに令和3年度は4・4％です。

一方で「学生」の合格率は10・0％（令和4年度）。免除制度などもあり合格率の計算方法が少し特殊であるため一概には言えませんが、社会人として働きながら公認会計士試験に合格することは、学生や勉強に全振りしている受験生の3～4倍近く難しい、といえるのです。

先に述べたとおり、公認会計士試験の合格に必要とされている勉強時間は3500～4000時間です。わかりやすく1日10時間の勉強を休まずに継続した場合、1年間の勉強時間は3650時間です。学生の方ならば「頑張ればなんとか合格できそうだ」と感じるかもしれませんが、社会人の方にとってはこの「1日10時間」という勉強時間がいかに現実離れしているか、考えるまでもなく理解できることでしょう。いかに通勤時間を上手に使おうが、週末を勉強に全振りしようが、まず実現できるようなものではありません。

さらにいうと、仮に毎日3時間の勉強時間を捻出できたとしても、毎日8時間以上も仕事に没頭していると、前日に勉強した内容が定着しにくく忘れ去られていくため、事態はより深刻です。

まず、**社会人受験生であろうとする方は、己の進む道がそれほどの茨の道であることを、正しく認識すること**からスタートしましょう。

## ☑「合格までの道のりが見えたら勉強に専念する」という選択肢もアリ

社会人でありながら試験の合格を目指すこと自体は、まったく否定するものではありません。むしろすでに忙しい身でありながら、資格試験に向けて努力する決意をされたことを、大変尊敬します。

そもそも資格取得を目指すためには予備校費や参考書代などの費用が掛かりますし、多くの人は生活費も自分で賄わなければいけませんよね。

そのため、まずは社会人をやりながら勉強を始めてみて、「これは本腰を入れれば合格できそうだな」と手応えを感じられたタイミングで、そこからは仕事を調整して試験勉強に全振りできる態勢を整える、という選択肢をとることはとても良いと思います。

特に公認会計士のような難関資格に挑むのであれば、少なくともどこかのタイミングでは覚悟を決めたほうが良いかと思います。一日中勉強に没頭できる学生と同じ土俵で戦わなければならないことを考えると、当然社会人受験者は圧倒的に不利ですし、一生合格できないまま受験を諦めることになる可能性も大いにあり得ます。

人生は有限です。いつか公認会計士になるのならば、その後の収入のことを考えても、早くなるに越したことはありません。しかも41～42ページの試算をご覧ください。1年程度の休職による収入減は、合格後の年収アップを考えれば余裕で取り返せるのです。

自分の**「人生の幸福」を最大化するために、自分への投資は可能な限り行うべきだ、**と私は考えています。自分がなぜその資格を目指すのかを再考し、その資格を取得した後の人生を見据えたうえで「今の仕事を続けるか、辞めて専念するか」を決めていただけたらと思います。

## ☑ 自分が長編映画の主人公になったつもりで大きな壁に立ち向かうのもOK

社会人として働きながら難関資格の取得を目指すことが、かなり高いハードルであることは、おわかりいただけたのではないかと思います。しかし「それでも自分は社会人合格者を目指したい」「諸事情により今の仕事は辞められないが、資格は絶対に取りたい」と考えている方もいらっしゃるでしょう。

もちろん社会人合格も、決して不可能なことではありません。学生と社会人でテストの問題が変わるわけでも、合格点が操作されるわけでもないのですから。
ただ、その場合はやはり長期戦になることを覚悟したうえで**「自分が長編ドキュメンタリー映画の主人公になったと考える」**というマインドセットが、モチベーションを保つためには有効かもしれません。

長編のドキュメンタリー映画は、何事もなく日々を過ごしている人を主人公にしたものはあまりありませんよね。密着していくなかでさまざまな事件や困難に直面し、それを努力や周囲の助けを借りながらクリアしていく。そういう数多くの「山や谷」がなければ、映画として成立しません。そして艱難辛苦を乗り越えて、物語の最後には栄光を手に入れることができます。受験生としての期間が2年間になるようならば、1年目の不合格ですら映画に必要な「イベント」と考えることができます。

それくらいのポジティブさと根気を持ち続けて努力を重ねることで、初めて社会人合格への道が開かれる、と考えたほうがいいでしょう。

最後にひとつ、当たり前のことを確認しておきます。
このようなマインドセットを持とうが持つまいが、どこでどのような判断をしようとも、

**あなたの人生の主人公はあなた以外にはいません。**何があっても現実から目をそらさず、人生の幸福値を最大化できる選択肢はどれなのかを常に考えながら生きていけば、おのずと道は開けてくるでしょう。私は、そう考えています。

# Chapter 2

# 資格試験の勉強、合格への最短距離はコレ！

# 難関国家試験の予備校はこう選べ！

この章では、実際に資格試験の受験を決意してから、合格に至るまでの道のりを具体的に記していきます。

さて、司法試験や医師国家試験、公認会計士試験などの難関国家資格の合格を目指すためにまず行うべきことは、予備校選びです。基本的に、ある程度の規模と実績のある予備校ならば「この予備校を選んだから合格まで届かなかった」というような大きなミスにはなりません。もっとも大切なのは、本人がどこまで本気で勉強に取り組めるかです。

とはいえ、やはり予備校によって「自分に向いている」「講義内容が自分にとって効率的とは思えない」などの差は出てきます。その差はどこから来るのでしょうか。

予備校はどのような視点で選べばいいのか。ここでは資格試験の予備校選びにおいて意識すべきことを紹介していきます。

## ☑ スタートから独学はNG。必ず予備校に通う

はじめに一つ申し上げておくと**「最終的には独学がもっとも効率のよい勉強手段」**です。予備校「河野塾ＩＳＭ」の塾長でもある私ですら、最終的には予備校の授業よりも独学がいいと考えているので、これは間違いありません。

独学の最大のメリットは、自分のペースで学習できるところです。

自分が理解できているところ、得意な分野は短時間で軽くさらう程度にして、わからないところにはゆっくりと時間をかけることができます。私が公認会計士試験に向けて勉強をしていたときも、得意分野である計算系の科目に関しては勉強の比重を比較的軽めにして、監査論など苦手な科目を意識的に勉強しました。

講義で講師から教わる形の勉強は、基本的に全範囲に均等な時間をかけて進んでいくので、すでに理解できているところは時間の無駄になってしまいます。一方で、理解が追いついていないところは、何の対策も講じなければあっという間に置いていかれてしまいます。これでは決して、**受験生一人一人の最短合格のために最適化された勉強法とは言えません。**

しかし一方で、あるジャンルの学問に初めて触れる際、いきなり分厚い参考書や問題集に自分一人で向き合って独学で進めていくのは、それ以上に効率が悪いものです。その理由は大きく分けて2つあります。

**①参考書の情報だけでは「どこが重要なのか」が判断しづらい**

たとえば司法試験や公認会計士試験の場合、科目ごとにある数百ページにわたる分厚い参考書や問題集を元に、勉強を進めていくことになります。そのすべての内容を「完璧に理解し記憶する」ことができるならば、たしかに独学でも余裕で合格が可能でしょう。

しかし、試験当日までの限られた時間で、**その分厚い参考書の全範囲、全項目を網羅することは現実的には不可能だし、なによりあまりにも非効率です。**

基本書といわれるそれらの分厚いテキストは、資格試験に出題される可能性のある内容を漏れなく掲載する形で作られています。

毎年のように出題されている超重要なポイントはもちろん、その分野が10年に一度、20年に一度程度しか出題されず、しかも配点が非常に低かったとしても、出題実績がある以上は念のため掲載されていることが多いです。そして初学である受験生にとっては、自分が今目にしている情報がそのどちらに当たるのか、明確な区別がつかないことでしょう。

通常ならば細部まで同じ熱量で勉強することは悪いことではありませんが、「最短合格のための超効率的な勉強」を目指す私たちにとっては、もはや「悪」と言ってもいいレベルです。

あなたの目標は満点を取ることではなく「合格する」ことなのですから、重要度の低い情報はもはや頭から消し去っても問題ありません。その代わりに頻出の超重要ポイントを、決して逃さないようにする必要があります。

さらに、同じく重要である内容だったとしても、**理解を深めるのみで十分なのか、暗記して丸覚えまでする必要があるのか**はまちまちです。

これらの判断基準を的確に教えてくれるのが、予備校の講義なのです。

### ②独学するための「全体像」（マップ）を手に入れられない

ある学問を修めようとする場合、**枝葉の知識ばかりでなく全体像を意識しながら学ばなければ**、なかなか効率的に習得できません。

そのためには単元ごとに「要するにこういうことだ」という、項目全体を俯瞰しての解釈ができなければいけません。さらには関連する単元同士を繋ぐ「見えづらい糸」に気づき、知識同士を樹形図のようにリンクさせていく必要があります。

この作業は、得意な人ならば独学でも可能かもしれません。しかし、やはり初学のジャンルに対してそのような高い次元の視点を持てる人は、決して多くはないでしょう。

そのときに、外部からそのメタ視点を提供してくれるのが予備校の講義なのです。


逆に、予備校の講義によってこれらのことが提供されないのであれば受講する意味は薄いでしょう。私自身、河野塾ＩＳＭの教壇に立つときは必ずこれらを意識していますし、河野塾の講師に対してもしつこいほどに伝えています。

予備校の講義を一通り受講し終えて、**各ジャンルの全体像がおぼろげながらも把握できたときに初めて、独学が「もっとも効率のよい勉強手段」になる**と考えてください。

まずは、自分が目指すゴールについて詳しい予備校講師に、ゴールまでの道筋を示してもらうことも「逆算式勉強法」（30ページ）の大切な要素のうちの一つなのです。

## ☑ 対面式講義と動画配信式講義、どちらを選ぶ？

現在の資格試験予備校の多くは、対面式の授業ではなく、オンライン動画配信による受講がメインになっています。この傾向は近年のコロナ禍を経て、さらに加速していると言っていいでしょう。それでは昔ながらの対面式ライブ講義とオンライン動画配信による講義、どちらを選ぶべきなのでしょうか。

もちろんそれぞれの形式に一長一短ありますが、最短合格を目指すためには基本的に、**動画配信式のオンライン講義によるカリキュラムを選ぶべき**である、というのが私見です。その理由は既に述べている「独学のメリット」とも関連します。

動画配信式講義のメリットとしては、以下の4つがあります。

**①自分のスケジュールに完全に合わせて学習できる**

学生だったり会社員だったり、あるいは生活費をアルバイトで賄っている学生の方にとって、決まった曜日・決まった時間に通学しなければいけない対面式講義は大きな負担になります。

一方で当然ながら、オンライン配信式の講義ならばスケジュールは自分次第ですし、通学時間の無駄も省けます。最寄りの駅まで歩く時間までも、講義視聴に充《あ》てられるようになるのです。

## ②わからない部分は一時停止→繰り返しで理解を深められる

一人の講師が大人数を相手にする対面式の講義では、当然、講義の進め方は事前のタイムスケジュール通りになります。仮にあなたが「よくわからないのでもう一度聞きたい」と思ったとしても、あなたがわかるようになるまでもう一度丁寧に説明してもらうようなことはできません。

一方で、オンライン講義ならば、理解が浅いと感じたところはクリック一つで巻き戻して何度でも視聴できますし、腑に落ちないところがあれば動画を停止して考える時間も作れます。さらに、**オンライン講義には倍速視聴ができるという極めて大きいメリット**があります。対面式であれば1時間かかる講義を、30分で視聴し終えることのできる恩恵は計り知れません。

オンライン講義を受講する際はこれらのメリットを活かして、理解が容易な箇所は最短で学習を済ませつつ、疑問点や腑に落ちない箇所は時間をかけてでも、講義中に片づけていきましょう。

## ③すでに理解しているところは学習の時間を短縮できる

たとえば大学の授業で学んだ内容が、予備校の講義と重複するということはしばしばあります。私の場合でいうと、公認会計士試験には「企業法」という科目があり、これは司法試験受験時にすでに勉強していました。

もちろんそういう科目についても、出題傾向や頻出論点などは資格により異なるので、勉強が一切必要ないということはありません。

それでも、基礎的な知識を扱っている講義は飛ばしたり、講義の中で理解できる部分は早送りしたり、筋トレや食事中にただ聞き流すといった負荷の軽い勉強法でクリアしたりすることで、勉強時間を大幅に短縮することができるのです。

### ④カリキュラムによる足止めがない

特に最短合格を目指す場合に大きいメリットです。対面式だと、ライバルよりも早いペースで学習したいのに、たとえば来週の火曜の授業まで待たなければ次の単元に進めない、ということになってしまいます。そのもどかしさを解消してくれるのがオンライン講義です。

実際、私は公認会計士の受験をするにあたってＣＰＡ会計学院という予備校に通ったのですが、「1年速習コース」という、前年度に配信された講義をすべて見ることができるコースを選択しました。これにより学習の不要なカリキュラムによる足止めがなかったどころか、予備校に申し込んだ時点で大量に講義がストックされていたため「みんなに早く追いつかなければ短期合格は望めない」という焦りで勉強に励むことができました。

このようにオンライン講義は、最短合格に欠かせない大きなメリットを提供してくれます。もちろん、対面式の授業にしかないメリットも存在します。たとえば、不明点があったときに講師やスタッフに確認するといった心理的障壁が低いことや、志を同じくする受験生仲間と顔を合わせるためモチベーション維持につながりやすいことなどが挙げられます。

しかし、オンライン講義の受験生においても、多くの予備校で質問対応などのフォローアップ体制が充実していますし、切磋琢磨し合える受験生仲間はツイッターなどのSNSでも作れます。

オンライン講義ではモチベーションがまったく維持できず、自発的に受講を進められないというような**「よほどの事情」がない限り、あらゆる観点から見てオンラインでの動画配信式のカリキュラムを選択するべき**でしょう。

## ☑「この予備校なら勉強のやる気が出そう」という思いを最優先にするべき

たとえば司法試験ならば「伊藤塾」、公認会計士試験ならば「CPA会計学院」、医師国家試験ならば「メディックメディア」など、資格試験ごとに有力と呼ばれるオンライン予備校は複数存在します。

正直、実績のある予備校であればどこであろうと、合格するために必要な実力をつけられるカリキュラムが用意されています。では、そんな中でもどの予備校を選ぶべきなのか。その決め手になる要素を、いくつか紹介します。

まずはあなた自身に**「この先生の講義ならば受けてみたい」「この先生の話を聞いてみたい」と思える講師がいるのであれば、その希望を最優先にするべき**です。

（難関資格であれば）最短でもおよそ1年間続く受験生生活でもっとも大切なのは、勉強を継続できるだけのモチベーションを維持し続けることです。そして、どの予備校に通ったとしても、**最終的に合格できるか否かを決定するのは「自分が講義を踏まえていかに独学できたか」**です。

そのため、「この先生の教え方が好きだから、教わった内容を吸収するためにちゃんと復習しよう」という気持ちになれそうなのであれば、その予備校を選ばない手はありません。受講に対するモチベーションの高さは当然、勉強効率や理解効率の高さに繋がります。

もし、あなたに「この先生の講義を受けたい」と思える講師が特にいない場合は、各予備校で提供されているデモンストレーション動画を確認してみましょう。講師の語り口や板書のわかりやすさ、テキストの質の違いだけでなく、「どうもこの予備校の配信講義は頭に入ってきづらいな」という直感的な差にも気付くことと思われます。

この差はどこから出てくるのでしょうか。大雑把に言うならば、**その予備校が「映像配信に最適化された講義を行っているか」**どうかです。

古くからある大手の予備校の中でも、映像配信への最適化が足りていないところは少なくありません。「普段の対面式講義のスタイルを変えることなく、それをそのまま撮影して配信している」といった形式をとっている場合は、画質が粗かったり、黒板の文字が見づらかったり、声が反響していたりと、画面の向こう側の受講生が意識されていないのではないかと感じる場合が多いです。

ほかにも、映像授業を提供しているのにシステム上「倍速機能が使えない」予備校などもあります。具体的な名前は伏せますが、私自身、長い勉強生活の中で何度も出くわしてきました。配信式講義の動画はトータルで何百時間も見続けることになるので、このようなスタイルではだんだんストレスが溜まってくるものです。

一方で、画面の向こう側の受講生を意識して、照明や音響の設備、講師の話し方などが映像配信に最適化されている予備校の講義は、やはり長時間見続けてもストレスが少なく、頭にもスッと入ってくるものです。

実際に、映像配信に最適化された講義を行っているのは、有名どころの中でも近年ぐっと実績が伸びている、勢いのある予備校であることが多いです。その意味では、予備校創立以来の実績も大切ですが、**近年の合格者や受講者の伸び率を確認することも予備校選びにおいて大切である**と言えるでしょう。

ちなみに、そのような予備校で教えている講師は、若い人の感性を持ち合わせていることが多く、SNSなども有効活用している人も多いように感じます。時代に合わせた感性のアップデートは、どの業界においても重要ということなのでしょう。

結局のところ、「ここなら自分が勉強を続けるうえでテンション上がるな」「勉強のモチベーションを阻害する要因がないな」と感じたところを選ぶのが良いというわけです。もしこの本の読者の方の中に大学受験の予備校を探している方がいらっしゃるようならば、ぜひ「河野塾ＩＳＭ」を選択肢の中に入れてみてください！

## 予備校の選び方

**対面式講義？　動画配信式講義？**

→**動画配信式講義を選ぶべし！**

**メリット**
- ①自分のスケジュールに合わせて学習できる
- ②不明な部分は一時停止や繰り返し視聴できる
- ③理解度に合わせて学習の時間を短縮できる
- ④カリキュラムによる足止めがない

**「勉強のやる気が出る予備校」を選ぼう**

→**憧れの先生がいる予備校があるならぜひ選ぼう**

→**もしいないなら各予備校のデモ動画を見てから選ぶべし**

**映像配信に最適化されていない予備校**
- 対面式講義をそのまま撮影・配信している
- 画質が粗い／黒板の文字が見づらい／声が反響している
- 倍速機能が使えない

**映像配信に最適化されている予備校**
- オンライン専用の講義を録画・配信している
- 画質が良い／黒板の文字が見やすい／先生の声が聞きやすい
- 講師がSNSを有効活用している

**トータル数百時間の講義を受けるため、ストレスを感じないことが重要**

# 参考書・テキストの選び方

数多ある予備校の中から、自分に合ったところを選択して入学の手続きを済ませると、すぐにテキストや問題集などが送られてきます。難関資格を受講する場合は特に、その教科書のボリュームに圧倒されてしまう人も多いことでしょう。

## ☑予備校が用意したテキストや問題集で基本的にはOK

予備校への入学を決め、テキストが届く時期は、多くの受験生がもっともやる気に満ち溢れているものです。

「予備校から配付されているテキストは、当然のように受講生全員が取り組んでいるだろう。数％の合格者に入るためには、追加で別の参考書や問題集に取り組まなければいけないのではないか」

そのように考えて、送られてきたテキストのボリュームに圧倒されながらも、ネットで評判の良い参考書や問題集をとりあえず何冊か追加購入する人もいることでしょう。

実は、この「追加購入する参考書」は、ほとんどの場合は必要ありません。たいていは予備校が教材として用意したテキストや参考書、問題集をクリアすれば、合格点まで到達できるようなカリキュラムになっています。

そもそも、予備校の膨大なテキストを最後まで学べる受講生自体、実はそう多くないのです。**途中で心折れずに最後まで講義を受け続けるだけで、すでに受講生の上位に位置している**のだということを、ぜひ心に留めておいてください。

さて、予備校から送られてくる教材を大別すると、たとえば司法試験や公認会計士試験の場合は次のような構成になっていることが多いです。

**◇基本書……科目の勉強に必要な情報が、詳細に網羅されているテキスト**
**◇問題集……過去問からのピックアップをはじめとした実践的な問題と、その解説が入っているテキスト**
**◇サマリー……試験に頻出の単語や単元の要点のみがまとまった、基本書よりはるかに薄**

### いテキスト

これらの教材の基本的な使い方について、説明していきましょう。

## ☑ 基本書・問題集・サマリーの概要

予備校のオンライン講義は、おもに基本書に沿って展開されます。**基本書には「試験に出題される可能性のある情報」が網羅的に詰め込まれているので**、これを本気でマスターすれば、合格できない資格などありません。

しかし、そのボリュームはあまりにも大きいです。初学の受講生にとっては、基本書の情報の中でどの部分が科目の全体像を摑むために大切なのか、どこが試験に頻出なのかなどの判断がつきません。その判断を自分に代わってしてくれるのが予備校であり、講義であると考えてください。

次に、予備校の用意した「問題集」ですが、基本書の知識をどのように活用するかの方法が学べたり、「この科目のこの情報はこういう切り口で出題されるから、この周辺知識を押さえておいたほうがいい」など「試験で合格するためにはどこが大切なのか」の判断基準としても使えたりします。

受講生の中で、問題集を「ある単元をマスターした（と判断した）後で、その実力を試すために取り組むもの」だと考えている人は少なくありません。

この考え方は一度捨て、問題集は「知識が定着したかを確認するため」にあるのではなく、**「知識、あるいはその活用方法を効率よく定着させるため」にある**と考えましょう。

基本書をせっかく何回も読んだとしても、「初見ではまさかこの切り口で問われ得るとは想像もつかない」内容については、無意識的に読み飛ばしてしまうものです。そのような内容は、問題集で取り組んだときに初めて「実はこの内容も大切なのか」と脳が認識できるようになります。これにより、実際の出題形式を想像しながら基本書を読み直すことが可能になるわけです。

問題集を解くことは知識のアウトプット作業ではありますが、**それと同時にその知識を効率よくインプットするための手段**だともいえるのです。

そして基本書や問題集への取り組みと並行しても使えますが、特に一通りの試験範囲を俯瞰し終えた後に使用していくのが、「サマリー」です。サマリーは、各科目の内容を試験で覚えるべきポイントに絞ってわかりやすくまとめてくれている薄いテキストで、試験の直前期などの**高速回転用教材として大変重宝**します。実際、このサマリーがなければ私は公認会計士試験に短期合格できなかったであろうと断言できるくらいには、試験直前期に使い倒しました。このサマリーの詳しい使い方については、後で詳しく説明していきます。

## ☑ 初見の問題に対応するために、プラスαの応用問題集を1冊用意する

予備校の用意したテキストに繰り返し取り組んでマスターするだけで、資格試験はほぼ合格できることは事実です。

ただ一つだけ、同じ予備校の問題集を解き尽くすことにデメリットがあるとすれば、だんだんと問題のパターンに慣れてしまい、**初見の問題に対応する能力が培われることなく本番を迎えてしまいかねない**、ということです。

もちろん予備校が用意したテキストを繰り返し解く中で、その解法の本質を摑むことができているならば、初見の問題であっても十分に対応することができるはずです。

しかし、解法の本質を摑むことなく、問題に対する解法を丸々記憶しただけで「マスター

した」と勘違いしてしまうことも考えられます。しかも、同じテキストに繰り返し取り組んでいるだけでは、それに気づくことができない人も少なくないでしょう。

自分がその問題の解法について本当に理解しているのか。試験本番で関連問題に対峙したときに、本当に解くことができるのか。

それを確かめるために必要なのは、やはり現在進行形で解き尽くしたものとは別の問題集に取り組むことです。別の問題集において、予備校のテキストで学んだ解法を応用して解答できるようならば、心配はないでしょう。

なお、別の問題集に手を出すとしてもすべてを解く必要はなく、たとえば苦手分野に絞って、「自分は予備校の問題集をしっかりと本質を摑みながら勉強できていただろうか」という意識を持って、数問でいいので解いてみるのが良いでしょう。**手を広げすぎないためにも、最終的に予備校の問題集に立ち返ることが重要**です。

私個人の話で言えば、司法試験受験のときは予備校のテキストに一通り取り組んだうえで、いくつかの科目において1冊ずつ追加の問題集に取り組みました。その問題集は、同じ予備校に通って先に合格していた友人がおすすめしてくれたものを選びました。しかも図々しいことに私は、「その問題集をすべて解く時間がないから、やっておくべき問題を選定してほしい」とその友人に頼み込みました。追加の問題集に取り組むとしても、なるべくその範囲を最小化し、残りの時間は予備校の問題集に取り組んだのです。

公認会計士試験に関しては、勉強のスタートから本番の論文式試験まで9ヵ月程度しかなかったこともあり、追加の問題集にまで手が回りませんでした。その追加の問題集の代わりを果たしてくれたのが、**予備校が用意した答案練習（答練）**でした。定期的にその答練に取り組むことによって、初見の問題への対応力は身についたと実感しています。数多くの受験生を合格まで導き続けてきた各予備校の知見を、安心して利用してください。

## 参考書・テキストの選び方

### 予備校が用意したテキストや問題集で基本的にOK

オーソドックスな予備校教材の構成

- **基本書** ▶ 科目の勉強に必要な情報が詳細に網羅されているテキスト
- **問題集** ▶ 実践的な問題とその解説が入っているテキスト
- **サマリー** ▶ 頻出単語や単元の要点のみがまとまった薄いテキスト

### 基本書の使い方

予備校の講義の際の基本になるテキスト。試験に出る情報が詳細まで網羅されているので、講義を受けて「どこが大切なポイント(幹)なのか」を意識しながら理解を進めることができる。

予備校の講義はコレに沿って展開されるよ!

### 問題集の使い方

試験に合格するために大切な知識がたっぷり詰まっている。単なる「力試し」ではなく、知識、あるいはその活用方法を効率よく定着させるために使用する。

日常的に活用して効率よいインプットに繋げよう。

### サマリーの使い方

ひととおりの試験範囲を俯瞰し終えた後が、サマリーの本領発揮。特に試験直前期の高速回転用教材として非常に重宝する。

特に直前期はこれを使い倒そう!

**[+αで応用問題集を用意する場合もある]**

COLUMN

## 資格試験の勉強にかかるお金ってどれくらい？

たとえば司法試験予備校の受講料は10万～150万円前後。公認会計士予備校の場合は30万～90万円前後など、予備校の受講料は目指す資格や選んだ予備校によって大きく幅があります。もちろん価格帯が高いほうが一定の品質が保証されており、一人一人の受講生に対するサポート体制も充実している傾向にあります。ちなみに医師国家試験の場合、医学部を卒業することが受験資格の一つであり、病院実習などを含めた6年間の学習期間が必要になるため、学費やその間の生活費等も含めると、かかる費用はケタ違いと言えるでしょう。

私の場合、社会人になってから受験した公認会計士試験は、予備校の受講料以外はほとんどかかっていないので、およそ50万円程度でした。大学在学中に受験した司法試験は、同じく予備校の受講料でその倍近くかかった記憶があります。

いずれにせよ大切なのは、予備校にかけた自己投資費用は、合格さえしてしまえばそれほど時間をかけずに回収できるということです。個人によってさまざまな事情があるのは承知で言いますと、なるべくここで予算をケチることは考えず、自分に最適だと思える予備校を選ぶことが長期的に見て良いのではないかと思っています。

# 配信式講義の効果を最大化する受講のテクニック

難関国家資格の受験に向けて予備校に申し込んだ場合、初期の受験勉強の多くは配信式講義の受講になるでしょう。この受講時間をいかに効率よく過ごすかは、短期合格できるか否かに大きな影響を及ぼします。ここでは予備校の配信式講義の効果を最大化するための、私なりのさまざまなコツについてお話ししていきます。

## ☑ 講義の内容は「一応、理解した」程度で次に進んでOK

当然ながら予備校のオンライン配信講義は、予備校側の組んだカリキュラムに沿って展開されていきます。このカリキュラムは受験のプロが最善だと判断して作られたものなので、**基本的には予備校のカリキュラムを信じて勉強を進めていくことが大切**です。

そんな中で、特に勉強を始めたばかりのころに多くの人がはまってしまう落とし穴の一つが、「各講義、各単元を完璧に習得してから次に進もう」というやり方です。実はこのように勉強を進めていくことは、「短期合格」という観点から考えると効率が悪いと言わざるを得ません。

基本的に予備校の講義は、「一通り理解はした」「覚えているわけではないが、テキストを読めば理解したことを思い出せる」程度になれば、すぐに次の講義に進んでいくほうが合格への近道なのです。

ではこの「理解」とはどのレベルを指すのか。一つの目安となるのが**「講義を受けた後に、テキストを開きながらでいいので、その内容を人に説明できるか否か」**です。

なんとなく流し読みして内容を理解した気分になっている人も、いざそれを他の人に説明しようとすると、ところどころ詰まってしまったり、自分の説明に自分で疑問が生じてきてしまったりすることに気づくと思います。

試験勉強に限らず、仕事などでも多くの方々が「わかったつもりでわかっていなかった」という経験はあることでしょう。自分の言葉で内容を説明できて初めて、その項目を理解したと言えるのです。

ちなみに「説明するときはテキストを開きながらでいい」というのは、この時点で特に細かい部分まで記憶する必要はない、ということです。

人間の記憶力には、量と時間の双方にキャパシティがあります。どんなに頑張っても無尽蔵に覚えることは不可能だし、物事を永遠に覚えておけるわけはありません。

受験勉強のスタート時に「覚えるべきところは漏れなく覚えなきゃ」と考えながら勉強を進めていったとしても、「とりあえず無理やり詰め込んだ知識」は長期記憶に残りにくく、勉強量が増えていくにつれて忘れてしまうものです。

そうであれば、初めの段階ではとにかく理解に努めて進めていき、なるべく早く講義を視聴し切ってしまうのがいいでしょう。**一通り理解して全体像を掴めさえすれば、その後に全体像を意識しながら記憶した知識は格段に定着しやすくなります。**

最終的には「知識を無理やり覚える」作業は必要になってくるのですが、それは試験が迫ってきたタイミングでまとめてやればいいでしょう。それまでにしっかりと理解に努めて、暗記する下地が作れているならば、後述（87ページ）のように直前1ヵ月で信じられないほど成績は伸びるものです。

そのため、細かいことを覚えるのは一旦後回しにして、**テキストを開きながら講義の大雑把な内容が説明できそうであれば、どんどん次の講義へと進めて、映像授業の最速消化を目指しましょう。**

なお、配信講義をなるべく早く消化することを勧める理由は至ってシンプルで、その分独学の時間が伸びるからです。独学がもっとも効率の良い学習方法であることは先述した通りです。少ない受験期間のうち独学の時間を少しでも増やせるように、映像授業の視聴期間を短縮する意識を持ちましょう。

## ☑ 復習は一区切りついた後にまとめて行うほうが効率的である

講義を見終えた後の復習は、必ずしも1コマ単位で行う必要はありません。もちろん講義の視聴後に「なんかよくわからなかった」と感じるのであれば復習は必須ですが、「この講義は止まることなくスムーズに理解できたぞ」と感じたのであれば、そのまま次の講義の視聴を開始してもいいでしょう。

そして、(一つの章が終わるなど) 何かしらの**区切りがついたタイミングで複数講義分の復習をまとめて行う**ことで、全体像を把握したうえでの横断的な復習が可能になるため、勉強時間が短縮できるのです。もちろん、これは映像授業の消化を早めることにも繋がります。

ちなみに、私は復習の際に、オンライン配信講義をもう一度見返すことは、限りなくありませんでした。復習の主体は基本的に、1回目の講義を受講した際に自分がいろいろと書きこんだテキストを改めて読み直すことです。

逆に言えば、**配信講義をまた見返さなくても済むように、先生の発言や自分が感じたこと、要約などをしっかりとテキストに記しておく**必要があるのです。

このように資格試験の短期合格においては、「配信講義の最速消化」と「内容の適切な理解、および直前に詰め込むための下地づくり」をいかに両立させるかが重要だというわけです。

## 配信式講義受講のテクニック

### 理解できたら記憶できていなくとも次に進む

テキストを開きながら
講義内容をスムーズに
要約できればそれでOK！

後から配信講義を見直すような時間が必要にならないように、配信講義は理解できるまでその場で何度でも繰り返し視聴して OK。理解できているか否か＝要約できるか否か、だ。

### 復習はある程度、単元を進めてからまとめて行う

1コマ単位での復習は必ず
しも必要ない。ある程度の
単元をまとめて復習するなか
で、全体像も見えてくるよ

一つの単元にこだわっている間は、科目の全体像が把握できない。復習もいくつかの単元の学習を終えた後でまとめて行うことで、脳内の全体マップ作成がスムーズになる。

# 実践問題に立ち向かうときのコツや心構えは？

予備校のオンライン配信講義を進めていくのと並行して、予備校の用意した問題集や試験の過去問などに取り組むことになります。これらの問題に取り組む際に意識すべきことについて、説明していきます。

## ☑ 問題を解くことはアウトプットでもインプットでもある

「問題を解くこと」が「自らの学習の成果をアウトプットすること」であることには、疑いの余地がありません。しかし、何のために自らの学習の成果をアウトプットして問題集を解くのかを考えたら、それは「**効率的なインプットのため**」であるともいえるのです。

そのことを理解できているか否かで、問題集を解くことによる勉強効率は大きく異なります。

勉強を始めたばかりの受験生にとって、テキストのどこの情報が重要かを把握したうえで、さらに「その情報が問題でどのように問われ得るのか」をイメージすることは、非常に難しいものです。たとえテキストを何度も読み込んだとしても、「さすがにここは重要じゃないでしょ」と無意識に判断した内容については頭に残ることはありませんし、重要な情報についてもどのように理解して頭に入れておくべきであるかは知る由もありません。

早めに問題集に取り組むことで、**試験問題として出されがちな情報はどこなのかが浮き彫りになり、しかもそれらの知識がどのような問題形式で出され得るのかという具体的なイメージを持つことができるようになります。**

その結果として、基本書を再び読み返すときに、各知識について「より高い解像度のもとで学習できている」ことを実感できるようになるのです。

ある単元の講義の履修を終えたならば基本的に、たとえ記憶できているか否かに自信がなくとも、とりあえず実践問題に取り組んでみましょう。

なお、解けなかった問題を復習する際は、**すぐに基本書に立ち戻って、間違えた箇所とその周辺知識を改めて確認する**という手間を怠らないことが大切です。決して問題集の「解答と解説」を読むのみ、あるいは基本書で間違えた箇所の復習のみで、満足しないようにしましょう。

## ☑ 理解さえしていればいつでも過去問に当たってOK

受験生の中には未だに、「過去問は試験の直前に自分の実力をチェックするためにある」と考えてなかなか手をつけない人もいるようですが、その考え方は正しくありません。

実は、この過去問が解けるようになることこそが受験勉強のゴールであり、ゴールなき学習には無駄が多くなってしまいます。「最終的に自分はどのような問題が解ける必要があるのか」を認識して初めて、そのゴールに一直線に向かうことができるようになるわけです。

この目的に照らすと、過去問は可能な限り早くに目を通しておくべきですし、さらに言うと私は、**基本書を横に開きながら過去問に当たっても問題ない**と考えています。

基本書を参照しながら過去問を解いてみることで、「果たして基本書を覚えさえすれば過去問は解けるようになるのか」「基本書に載っていない内容が多く出題されるから、むしろその思考プロセスを理解していくべきなのか」など、今後どのようにその基本書で学習していけばいいのかが明確になるためです。

「一体、過去問は何のために解くのか」の本質を見誤らないようにしましょう。

# 直前1ヵ月で大逆転する秘訣とは？

試験直前の1ヵ月前ともなれば、数百コマにもわたる予備校のオンライン配信講義は、一通り視聴を終えていることでしょう。

その時点で、予備校で配付されたテキストや問題集も完璧に習得し、模試でもA判定を取り続けられている人は、そのままの勢いで合格を勝ち取ればいいでしょう。

一方で、直前期になってもなかなか合格点が取れない人も、諦める必要はありません。最後に一気に追い上げるための秘訣を伝授します。

## ☑ 公認会計士試験直前の1ヵ月で得点率を30％上げ、合格にたどり着いた

私自身の経験談ですが、公認会計士試験（短答式試験）本番の1ヵ月半前である2022年4月17日に受けた模試では得点率は51・4％でした。その1週間後、4月24日に受けた模試では微増して52・2％の得点率でした。合格ラインは500点満点中の約350点（得点

率70％）と言われているので、合格ラインまでは程遠く、受験生の中でもレベルの低いほうだったと思います。

しかしその後の追い上げによって、5月29日にあった**本番での得点率は82・6％を達成し、上位1％以内という好成績で合格を収めました。**

公認会計士試験は、受験を決めて勉強をスタートしたのが本番の9ヵ月前です。そこから8ヵ月で50％強の得点率しか達成できなかったのに、残りの1ヵ月で30％以上も得点率を上げることができたということです。

また、医師国家試験に関しても、1ヵ月前の時点で解いた過去問は、合格ラインからほど遠い点数だったことを覚えています。

## ☑「理解はできているが覚えていない」ところを直前期に一気に詰め込む！

公認会計士試験1ヵ月前の私は、全科目において合格ラインに届いていませんでした。「得意科目は合格点を超えているけど苦手科目が届いていない」というわけではなく、全科目で均等に点数が足りていないという状況だったのです。これだけを見ると、「特定の科目のみ頑張ればいいわけではないし、今年の合格は絶望的だ」と感じてしまうかもしれません。

しかし私は、1ヵ月前の模試の点数を見たうえで「（努力すれば）まだ何とかなりそうだな」と感じていました。それは**多くの科目で足りていないのが「理解」ではなく「記憶」であるとわかっていたから**です。

私自身、すでに述べてきたように、勉強する際には「必要な情報を理解すること」を第一においており、「記憶すること」はある程度、後回しにしてきた自覚がありました。

模試の振り返りをしてみても、理屈で導き出せる問題に関しては比較的正答できており、丸暗記が必須な事項についての誤答が多かったのです。

とすると、そこから点数が取れるようになるために必要な学習は言うまでもなく、これまでうろ覚えであった情報をしっかりと覚える（＝頭に詰め込む）ことです。

公認会計士試験のような難関試験では、たとえば租税法において税率が何％であるのかなどのように、特にロジックで導き出されるのではなく「そう決められている」というだけのものを大量に覚えなければなりません。

そして、それら大量の暗記事項を頭に叩き込めるかどうかは、それまでの勉強期間において**「いかに理解を深め、試験範囲の全体マップを頭の中に作り上げていたか」**が重要になってきます。

私は試験直前期までの期間で、「直前期に追い上げるための下地づくり」を完了していたために、直前1ヵ月で得点率を30％も上げることができたのです。

## ☑「復習するべき事項」をどんどん絞り込んでいくべし！

それでは、大量の試験範囲をどのように頭に叩き込んでいくのが効率的なのでしょうか。

そもそも難関試験の直前期において、もっとも重要なことは何だと思いますか。それは**膨大な試験範囲から「復習するべき事項」をどんどん絞り込んでいくこと**なのです。これにより復習するために必要な期間を短縮できます。

たとえば、試験範囲全体を復習するのに3週間必要だとすると、残り1ヵ月の間では2回転もできません。知識の暗記においてもっとも重要なことは反復ですから、当然1〜2回程度では、暗記事項を頭に詰め込むことなど不可能です。

そこでたとえば、復習すべき事項を全体の3分の1に絞り込めれば、1回にかかる期間は1週間となり、1ヵ月で4〜5回も復習できるようになります。しかも、復習のたびにさらに範囲を絞り込んでいくことができれば、1ヵ月に10回も夢ではありません。

このように、一回復習するたびに「復習するべき事項」をさらに絞り込んでいくことができれば、膨大な暗記事項も短期間で頭に詰め込むことが可能になるのです。

## ☑「サマリー教材」を使いこなせれば最強！

具体的に、私が復習範囲の絞り込みにもっとも有効だと考えているのが「サマリー教材」を利用した学習です。私が公認会計士試験に短期合格できたのは、このサマリー教材のおかげであると言っても過言ではありません。

「サマリー」は、基本書の情報の中から特に試験に頻出する情報だけを抜き出した、基本書よりもはるかに薄いテキストです。「基本書」には理解を深めるための記述も多く載っている一方で、「サマリー」にはそのような理解のための記述は省かれており、専ら暗記に特化した教材であるといえるでしょう。そのため、**サマリーを利用するにあたっては、基本書などの学習によりすでに理解を済ませておく必要があります。**

その理解が完了していることを前提にしますと、サマリーは以下のように使用していくと非常に効率的です。

まずはサマリーに一通り目を通して、「ここは自分が忘れていそうだな」と感じた内容に片っ端から印をつけていきます。その印は、蛍光ペンやカラーペンなど何でもいいのですが、1種類のペンでマーキングしていくのがいいでしょう。

そして2周目以降はこのマーク箇所のみをさらっていきます。これだけで復習効率は段違いとなりますし、回数を重ねていくと「マーク箇所はさらに絞り込めそうだな」と感じられるようになるでしょう。

そのように感じたタイミングで、今度は**1周目にマーキングした色とは異なるペンを用いて、マーキング箇所をさらに絞り込んでいきます。**たとえば1回目は黄色の蛍光ペンで塗りつぶし、2回目は赤ペンで下線を引くという要領です。これにより、2種類目のペンによってマーキングされている箇所のみを復習していけばよくなるので、さらに短期間で復習できます。

以下同様に、また何周目かで3種類目のペンを用いてさらに絞り込み、という操作を繰り返していけば、効率的に膨大な範囲を頭に詰め込むことができるわけです。

もちろん、問題集を使用した学習も並行して進めていきますが、そこで知識の抜け落ちに気づいたら、随時サマリーに戻ってチェックすることを怠らないようにしましょう。

以上の操作をひたすら繰り返していくことによって、私の公認会計士試験についていえば、試験当日には「1科目あたり15分程度」でサマリーを一読できるほどには絞り込めていたものです。

一方、1章ごとに細分化して記載すると、まずは基本書1章分をやればいいのだと個々のタスクに目を向けることで、勉強開始までのハードルを下げることができます。

さらに、細分化されたタスクを達成するたびに、達成項目にチェックを入れていきましょう。これにより、ゲームを進めているかのように「勉強が進んでいる感」が増幅され、モチベーションの維持に繋がるのです。

なお、ToDoリストにタスクを記載するときは「動詞化する」ことも重要です。ToDoリストに「基本書1章」とだけ書いてあっても、1章分読めばいいのか、覚えればいいのかが明確にはなりません。「基本書1章分読み直す」というように、ToDoリストへの記載は**「なるべく具体的に動詞化する」ことを意識して、やるべきことを明確にしましょう。**

## A03 細分化した計画は緩めに設定しても、積み重ねれば膨大になる！

ToDoリストでは細分化したタスクを列挙するだけでなく、その日の1時間ごとのスケジュールも併せて立てていきましょう。その際、「1時間ごとの目標タスク量」は比較的少なめに設定しても問題ありません。**一日かけてそれを積み重ねていけば、結果として膨大な量になる**からです。

たとえば、1時間ごとにやるべきタスクを「参考書を20ページ読む」に設定したとしましょう。この目標であれば(もちろん参考書の内容にもよりますが)、おそらく40〜50分程度でクリアできるのではないでしょうか。目標を早めに達成できれば、余った残り10〜20分については自由に使うことができます。頭をリフレッシュさせるための休憩に充てるもよし、乗ってくれば次のタスクを先取りするのもよいでしょう。このように余裕を持ったスケジューリングは、精神的な負担軽減にも繋がります。

そして、仮に1時間単位では余裕のある目標設定だったとしても、そのタスクを毎日10時間こなせば、莫大な量になります。先の例で言うと、10時間の積み重ねで「参考書を200ページ読む」ことができるわけです。

**重要なのは実現可能な計画を立てた上で、しっかりと遂行していくことです。**それさえできれば、合格はグッと近づいたといえるでしょう。

## A04 事前に邪魔を想定しておこう!

事前に綿密なTo Doリストを立てたとしても、たいていの場合はそのスケジュール通りに物事は進まないものです。その際、完璧主義者に特に多いのが、「もう予定が狂ったし、スケジュールに沿って勉強する気持ちが失せた」とモチベーションを失ってしまうことです。

このモチベーションの低下を防ぐ手段として有効なのが「偶然性プランニング」と呼ばれるテクニックです。その方法は至って単純で、**ＴｏＤｏリストを作る際に、そのタスクに入り得る邪魔とその対策を併せてリストアップするだけ**です。これらのリストアップは大雑把で構いません。

想定される邪魔の例としては「食後に眠気が来てしまうこと」「勉強に飽きてスマホを触ってしまうこと」などが考えられるでしょう。

これらの邪魔自体を直接的になくさずとも、「偶然性プランニング」によってその邪魔をあらかじめ想定しておくだけで、生産性やモチベーションが下がってしまうのを防ぐことができるということなのです。

なお、そもそもＴｏＤｏリストは「勉強効率を上げるツール」として用いるものであり、自分の一日の頑張りを可視化するためのものでもあります。そのため、仮に当日の目標を達成できなかったとしても、気にしすぎることなく、翌日以降の学習に繋げていきましょう。

## To Doリストのつくり方

### To Doリストのつくり方のコツ

**優先順位をしっかりつける**

集中力を維持するために優先順位通りにひとつずつ潰していくことが大切！

**各タスクの項目は細分化する**

「基本書1〜5章を読む」 → 「基本書1章を読む」「基本書2章を読む」「基本書3章を読む」「基本書4章を読む」「基本書5章を読む」

タスクはできる限り細分化してスケジュールに落とし込んだほうが進捗がわかりやすいうえ、リスト項目を消していくことにより達成感も得やすい。

**1時間ごとなどの細かいタスクは緩めに設定**

40〜50分で終わるタスクに1時間見ておくなど、余裕が大切

**事前に邪魔を想定しておく**

「偶然性プランニング」を駆使してモチベーションの低下を防ごう

## Q03 記憶を定着させるコツってあるの？

難関と言われる資格試験は通常、覚えなければならない知識が大量にあります。これらの情報を効率的に記憶する術について紹介していきます。

## A01 暗記の基本はとにかく「反復」と「アウトプット」！

いまさら言うまでもなく、**暗記の基本はなんと言っても「反復」**です。

人間は日々大量の情報にさらされて生きているわけですが、人間の脳によってそのほとんどの情報が不要だと判断されて、記憶から消し去るようにできています。そのため、ある物事を記憶したい場合は、脳に「その情報がいかに重要であるか」を認識させる必要があるわけです。

その有効な手段として代表的な方法が、接触回数を増やすこと、すなわち反復なのです。

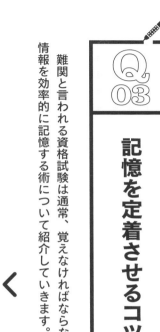

たとえば100単語覚えたいと思ったときに、1単語あたり1分かけて覚えていき、100分かけて1周するのは効率よくありません。それよりも、1単語あたり15秒程度という短時間で確認していき、100分の間に4周したほうが圧倒的に記憶に残るのです。

また「アウトプットすること」も、暗記において非常に重要です。人間の脳は、その知識を使おうとしたときに初めて、それが重要なものであると認識してくれます。

そのため、ただ教科書を何回も読んでいくだけではなく、**問題集などを活用して「その知識を思い出す」作業を必ず取り入れてください。**

さまざまな記憶術はあれども、結局は「地道な努力は必要」なのだということです。

## A 02 スキマ時間を有効活用しよう!

暗記するために必須である「反復」は、やはりその回数が命です。**一回でも多く反復するためには、ぜひスキマ時間を有効に活用しましょう。**

私が大学受験生だった頃、シャワーを浴びる前に英単語を5単語頭に詰め込んで、シャワーを浴びながらその単語を反芻していた、というのは先述しました。

このようなスキマ時間は他にも、トイレに行く時間や、出勤時に最寄りの駅まで歩く時間など、探し出せばキリがありません。これらのスキマ時間を合算すると、1年でとんでもない時間になります。短期合格を目指している方は、学習できる時間は特に限られているので、しっかりとスキマ時間を大切にする意識を持ちましょう。

## A03 思い出すためのフックを増やそう！

脳に「その情報は重要である」と認識させる極めて有効な方法として、「その情報を他のさまざまな情報とリンクさせること」が挙げられます。リンクさせると有効な他の情報としては、たとえば以下のものがあります。

### ①関連知識とリンクさせる

英単語を覚える際は派生語も一緒に覚えてしまうなど、**覚えたい単語の関連知識も合わせて学習していきましょう。**たとえば「consider：考える」という英単語がありますが、その派生語である「considerate：思いやりのある」や「considerable：かなりの」などもまとめて覚えてしまおうということです。

この場合、一見すると記憶量が単純に3倍になってしまうように思えますが、実際は違います。**人間の脳に対して「この単語は複数の情報と繋がりがあるため、核となる重要な情報なのだ」と錯覚させられるようになるため**です。結果として覚える労力は大して変わらないどころか、むしろ確認の回数が減らせるために、労力が減る可能性まであるのです。

### ②感情とリンクさせる

**人間は強い感情が生じているときのことはよく覚えている**ものです。何かの大会で優勝した瞬間や、宝物を誤って壊してしまった瞬間などの光景は、脳裏に焼き付いて忘れることはないでしょう。他にも、試験中に「思い出せそうで思い出せなかった単語」などは、解答を確認したときの悔しさから、なかなか忘れないものです。

これを普段の勉強においても利用しましょう。具体的には覚えたい知識を思い出そうとしてみて思い出せないときに、「うわー、なんだっけ」と強くもどかしさを感じ、その知識を確認したときに「そうだった、思い出せなくて悔しい」と意識的に感じてみると、いつもより知識が定着しやすいことを実感できると思います。

## A04 場所とリンクした情報は特に記憶に残りやすい！

実は、脳には「場所とリンクした情報は特に記憶に残りやすい」という特徴があります。

小学生のときに自分が座っていた座席や、自分の前に誰が座っていたかまでも思い出せることがあるのは、それらの情報が小学校の教室という場所に強く紐づいているためです。

この**「場所とリンクした情報は特に記憶に残りやすい」という脳の仕組みを利用した記憶術が「場所法」**です。具体的には記憶したい情報を、自宅や通勤・通学路など自分がよく知っている場所に配置していくことで覚えていきます。

たとえば1950年代後半の家電の三種の神器「白黒テレビ・洗濯機・冷蔵庫」の3つを覚えたいときは、これらのものを事前準備した記憶置き場（＝スポット）に配置します。

スポットが玄関、寝室、お風呂場の3ヵ所だったとすると、「まず帰宅したら玄関に大きな白黒テレビがあった。次に寝室に歩を進めると、なぜかベッドの上に洗濯機があった。これだとうるさくて寝られないよ、という不満を抱えながらお風呂場に移動したら大きな冷蔵庫が置いてあった。お風呂に入りながらビールでも飲むつもりなのだろうか」というストーリーを強くイメージしてみましょう。すると、玄関→寝室→お風呂場というスポットをもう一度たどっていくだけで、三種の神器をすべて思い出すことが可能になるわけです。

このように「場所法」は、スポットに覚えたいものを配置していく記憶術なので、スポットの数を増やしていくことによって、より多くの物事を一挙に覚えることができるようになるのです。

## 場所とリンクした情報は特に記憶に残りやすい

**場所法** 記憶したい情報を、自分がよく知っている場所に配置していくことで覚えていく記憶法

| 覚えたいもの | | 記憶置き場（スポット） | |
|---|---|---|---|
| 白黒テレビ |  | → 玄関 |  |
| 洗濯機 | 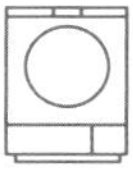 | → 寝室 |  |
| 冷蔵庫 |  | → 風呂場 |  |

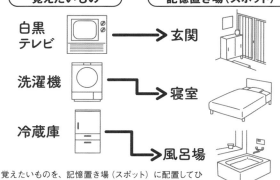

覚えたいものを、記憶置き場（スポット）に配置してひとつのストーリーを強くイメージしながら記憶する。世界でも知られているメジャーな記憶術だ。

**勉強場所を変えてみる**

**午前中** リビングで勉強

**午後** 自習室で勉強

▼

**学んだ内容が場所とリンクし「たしかあそこで勉強したな……」と思い出しやすくなる**

ちなみに、「場所法」のような記憶術を使わずとも、**「勉強場所を変えてみる」だけでも記憶効率が上がること**が知られています。

たとえば「午前中はリビングで勉強し、午後は自習室で勉強してみる」などのように勉強場所を増やしていくことは、単なる気分転換やモチベーションの維持にとどまらないメリットがあるというわけなのです。

## A 05 勉強の「最初」と「終わり」をたくさん作る

集中力が記憶の定着に大きな影響を与えていることは、言うまでもありません。また、人間の集中力は常に一定であるということはなく、「疲れ」や「飽き」などによって作業効率は大幅に低下してしまいます。

また、作業を始めた「最初」と終了間際の「終わり」に、集中力・作業効率がぐっと上がることがわかっています。これは体感的にも理解可能でしょう。

これを利用して、普段の学習においてちょっとした休憩や締め切りを設定したり、勉強する科目を数時間単位で切り替えたりすることで、**勉強の「最初」と「終わり」をたくさん作ってみましょう。**そうすれば集中力が上がっている状況を頻繁に作ることができるので、全体として記憶の効率も上がる、というわけです。

# Q04 参考書や問題集の効率的な使い方は？

使用している参考書や問題集がいかに優れていても、その使い方が間違っていては勉強効率が半減します。ここで改めて、どの科目にも共通して言える参考書・問題集の効果的な使い方についてまとめていきます。

## A01 暗記より理解を優先して、全体マップを構築しよう！

参考書や問題集への向き合い方も、基本的に予備校講義への向き合い方と同じです。特に初学の際は「覚えよう」と努力するよりも「内容をしっかり理解しよう」と考え、理解さえできているのであれば、どんどん次の項目へと進んでいきましょう。

自分がその項目を本当に理解できているか否かの判断基準は、既出の通り「他人（もしくは自分自身）にその項目をスムーズに説明することができるか」です。それがテキストを見ながらでもできるようならば、先に進んでしまってまったく問題ありません。

逆に言えば、参考書を読み進めていったものの、「要はこの章で言っていたことはこういうことである」と説明できなそうであれば、しっかりと全体像の把握（＝全体マップの構築）を意識して復習し直しましょう。

## A02 「目次で勉強する」という裏技を活用しよう！

先述のとおり、「全体像を把握」することは、その科目の理解を深めるためにはもちろん、暗記を行うためにも重要です。全体像を把握するための手段はいろいろとありますが、少し変わった方法として**私がお勧めするのは「目次を利用した勉強法」**です。

目次を見れば「各単元の構成」をすぐに把握することができます。

初めてテキストを読む際には、まず目次に軽く目を通して「これくらいのボリュームで、こういう項目があるのか」ということだけでも何となく把握しておくことは、全体マップの構築の手助けになります（当然この段階では、目次を見ても中身はまったくわかりません）。

また、勉強がそれなりに進んだ後においても、目次は大活躍します。目次は各単元の大雑把なタイトルが列挙されていて、いわゆる「白地図」のようなものだといえます。

その目次を眺めながら、「この単元にはこういう話があったな。要はこういうことを理解できれば問題は解けたはず」というようにアウトプットを行っていくことで、自分の中の全体マップはどんどん磨かれていくことでしょう。

## A03 問題集は「いかに解く問題を減らすか」を意識しよう！

問題集は「知識が定着したかを確認するため」にあるのではなく「知識、あるいはその活用方法を〝効率よく〟定着させるため」にあるということは先述しました。

この「効率」という観点から考えると、問題集に載っている問題をすべて解く必要はないのです。短期合格を目指す場合は**勉強時間も限られていますので、解く問題をなるべく減らしていく意識を持ちましょう。**

問題集を初めて解く際には、解けなかった問題には必ずチェックをしておきましょう。これにより2回目に解く際は、そのチェックがついた箇所のみの解き直しで十分になります。

このように回を重ねるごとにチェック箇所を減らして学習を進めていけば、解く問題数を最小化することができて、勉強効率は最大化されます。

また、仮に3回目・4回目と問題集に取り組んでいき、すべてのチェックがなくなったとしましょう。この場合でも、別の科目の学習をしていく中で、解けるようになったはずの問題が再び解けなくなることが想定されます。

そのため、その問題集に再び取り組む必要は出てくるわけですが、その際、必ずしも紙を用意して答えを導き出していく必要はありません。

**問題を見ながら、頭の中で「その問題を解く思考プロセスや注意点」を思い浮かべれば十分**です。一度解けるようになったことのある問題ですから、「この問題は、こういう要領で解いていけるな」という思考プロセスさえ合っているのであれば、自分を信頼して先に進めていきましょう。

難関資格は勉強範囲が広く、特に短期合格を目指している人には時間がありません。問題集に取り組む際も、必ず効率を重視しましょう。

## A04 サマリーを有効活用して、暗記を効率的に行おう！

大切なことなので、改めて記します。基本書は「試験に出る可能性のある情報をすべて網羅しているテキスト」であり、「試験で合格点を取る」という目的のためには、そのすべてをマスターする必要はありません。

一方で、サマリーは基本書の情報の中から特に試験に頻出する情報だけを抜き出した、基本書よりもはるかに薄いテキストです。ひととおり理解していく勉強を終えた後に、**試験に必要な知識を片っ端から暗記していこうと思ったときに、サマリーほど優秀な教材はありません。**

そして、そのサマリーを利用する場合でも、「復習するべき事項」をどんどん絞り込んでいくことが重要です（91ページ）。まずはサマリーに一通り目を通して、「ここは自分が忘れていそうだな」と感じた内容に1種類のペンでマークをつけていきます。2回目以降はそのマーク箇所のみを読み返していき、マーク箇所がさらに絞り込めそうだと感じれば、また別の色のペンを用いてマークしていきます。

これを繰り返して、要復習の項目をどんどん減らしていくことで、勉強効率が最大化されるわけです。

# Q05 応用問題が解けるようになる秘訣は？

難関資格になってくると、基本問題を確実に得点できるようにするだけでなく、応用問題に対しても戦える力を身につける必要があります。数々の難関資格で好成績を収めてきた私の、応用問題を解く秘訣について伝授します。

## A01 応用問題を通して基礎知識の練度を高めていこう！

当たり前のことですが、応用問題を解く上で基礎知識は必須です。と言うのも、**応用問題というのは結局「複数の基礎知識をパズルのように組み合わせた、基礎の積み重ね」でしかない**からです。

そのため、応用問題が解けない方は、今一度「自分は本当に基礎を理解しているのだろうか」について自問してみることが重要です。

「基礎を理解している」とは、しっかりと単元の全体像を把握して、体系的に理解できている状態を指します。たとえば一つ一つの論点については理解しているつもりでも、論点相互の関係性はまったくわからず、体系的には理解できていないことは往々にしてあります。

果たして自分が理解できているのかどうか判断をする際に有効なのは、各単元において、自分の言葉で**「要するにこういうことだよね」と要約してみること**です。

自分の言葉で全体像を説明できるということは、その単元について自分の中で腑に落ちているということですから、理解したと言っても差し支えないでしょう。

さらに重要なこととしては、**応用問題を解いて適切に復習していくことで、逆に「基礎知識の練度が上がっていく」**ということです。これは、数学の公式をどんなに反復して頭に叩き込んだところで、実践問題を通してその「公式の使い方」を学ばないことには、到底公式をマスターしたとは言えないのと同じことです。

応用問題を通して「その基礎的な知識はどのように組み合わされるのか」というパターンについて学習しなければ、真の意味で基礎知識をマスターしたとは言えないのです。

そのため、基礎的な知識が最低限理解できたと感じたのであれば、早めに応用問題に取り組みましょう。応用問題を通して、さらに基礎知識の理解を深めていくのだという意識を必ず持っておいてください。

## A02 「解法の本質」にあたる抽象論を意識しよう！

最終的に試験の本番でみなさんが解く問題は、初見のものばかりです。同じ問題集をどれだけ解いて、完璧にマスターしたところで、**初見の問題を解けないようでは意味がないのです。**

では「問題集の問題は解けるのに、初見の問題はどうしても解けない」原因は一体なんなのでしょうか。それは、「その問題において正答に至るまでの手順」という具体的解法ばかりを押さえて、「その問題の背後にある解法の本質」という抽象論がまったく摑めていないことです。

具体的には、たとえば次のような連立方程式があるとします。

$3x+4y=7$……①
$5x+2y=-7$……②

この連立方程式を解くためには、まず②の式の全体を2倍にしてyの係数を4にそろえ、

$3x+4y=7$……①
$10x+4y=-14$……②'

として、2つの式を加減算しますよね。

ここで理解していただきたいのは、「②の式を2倍して2つの式を加減算する」という具体的な解法それ自体はまったく重要でない、ということです。

この問題において重要なことは、「連立方程式では、文字を1つずつ消去していく」のだという抽象論です。この抽象論を押さえて初めて、他の連立方程式も解けるようになるわけです。

この例においては、みなさんは「そんなことは当たり前だ」と感じられるかもしれませんが、新しい単元を学ぶ際は意外と、同様のミスを犯してしまっているものです。

問題を復習する際は、**答えに至るまでの作業手順を覚えるのではなく、その背後の押さえておくべき抽象論は何なのかを必ず意識しましょう。**これを繰り返すことで、さまざまな初見の応用問題が解けるようになるのです。

## A03 「初見で解ける人がたどるであろう思考プロセス」を考え抜こう!

抽象論を意識することが大事であることはわかりましたが、具体的にどのように抽象論を把握していけばいいのでしょうか。それは**「この問題を初見で解けるようになるためには、どういった知識、あるいは思考プロセスを押さえておけばよかっ**

## 解法の本質を掴む

**【例】連立方程式の解法**

$$3x+4y=7 \cdots\cdots ①$$
$$5x+2y=-7 \cdots\cdots ②$$

→②の式の全体を2倍にして
$y$の係数を4にそろえる

$$3x+4y=7 \cdots\cdots ①$$
$$10x+4y=-14 \cdots\cdots ②'$$

→2つの式の加減算をする（②'－①）

$$7x=-21 \rightarrow x=-3$$
$$y=4$$

- 係数をそろえて2つの式の加減算をする ＝ 解く手段ではあるが解法の本質ではない
- 解法の本質は「文字を一つずつ消去していく」こと。係数をそろえるのはそのための手段でしかない。

**※抽象論に落とし込むことが大切**

**たのか」ということについてひたすら考え抜くこと**です。

具体的に、以下の3つの文字が含まれる連立方程式を解けなかったとします。

$x+y+z=6$……①

$x-y+2z=5$……②

$x-2y+3z=6$……③

この場合、仮に解答を見て「①－②と②－③の式を並べて、2つの文字 $y$ と $z$ についての連立方程式を解いていけばよい」という理解で終えてしまっては不十分です。なぜなら自分が**この問題に初見で取り組んだとしたら、「①－②と②－③の式を並べよう」という思考にたどりつく術がないから**です。「なぜその2つの式を並べようと思えるのか」についての言語化がなければ「①－②と②－③の式を並べることを思いつくのは、初見では不可能」であり、この問題を「初見殺し」と判断せざるを得ません。

この問題を初見で解く場合の思考プロセスとしては、たとえば「3つの文字の連立方程式は解いたことないけど、2つの文字の連立方程式の本質は1文字消去だったな。じゃあ3つの場合も順に、1文字ずつ消去していけばよさそうだ。$x$ を消去することを考えると、①－②でも②－③でも $x$ を消すことができそうだ。であれば、その2つの式を並べて、$y$ と $z$ の連立方程式に帰着させれば解けそうだ」といった考え方ができるでしょう。この思考プロセスであれば、決して現実離れしていないと感じられるのではないでしょうか。

すべての応用問題に対して**「初見で解ける人はどのような思考プロセスをたどるのか」をこの解像度まで考え抜くこと**によって、押さえていくべき抽象論が浮き彫りになるものです（今回の例で言うと、文字が何個に増えようが1文字ずつ消していけばよい、という抽象論です）。

この考え方に慣れるまではある程度時間はかかると思いますが、一旦慣れてしまえば「初見で解ける応用問題」の幅がグッと広がっていきますので、ぜひ日頃の学習において意識してみてください。

これは余談ですが、私が「河野塾ＩＳＭ」で数学の応用問題を解説するときは、解法を紹介するだけではなく**「どうして初見でその解法を思いつくに至れるか」の思考プロセスを必ず解説**しています。逆に言えば、その思考プロセスを教えないのであれば、応用問題を解説する意味は無いに等しいのです。

# Q06 ケアレスミスをなくす方法は？

「1年間必死で勉強をしてきて、過去問の正答率や模試の得点も、合格ラインに十分に達していた。それでも本番の試験では、本来解けたはずの問題でケアレスミスをしてしまい、合格できなかった……」

みなさんがこの悲劇を経験しないように「ケアレスミスをなくす方法」をお教えします。

## A01 「ケアレスミス」という名前のミスはありません！

ケアレスミスとは、しっかり注意していればしなかったはずのミスのことです。受験に限らず、仕事などでもケアレスミスが多くて困っている、という人はいると思います。

そんなとき、あなたは「これはケアレスミスだから仕方ない。次は注意しよう」程度の反省で終わらせていませんか？　そのような認識では、誇張なく一生、ケアレスミスと付き合っていくことになります。

まずケアレスミスをなくすために大切なことは、まずは**世の中に「ケアレスミス」という名前のミスはない、と認識すること**です。ケアレスミスを含めて、すべてのミスについて「結局はどのようなミスなのか」と、ミスのパターンをしっかりと分析・把握することが、ミスをなくす第一歩です。

## A02 「自分が犯しがちなケアレスミスのパターン」を分析して把握する

たいていの場合、その人によって犯しがちなケアレスミスのパターンというものがあります。ごく一部ですが、例を挙げてみると以下のようなものが考えられるでしょう。

- 計算でカッコを外す際、カッコの前にマイナスがあったのに各項の符号を変えるのを忘れてしまう
- 英語で解答を書くとき、疑問文なのにクエスチョンマークをつけ忘れてしまう
- 英語の解答で、大文字と小文字を間違えてしまう
- 誤っている選択肢を選ぶ問題で、正しい選択肢を選んでしまう
- 問題をよく読まず、解答に必要な条件を見落としてしまう
- 「記号で答えなさい」という問題に、解答をそのまま筆記してしまう

実はこれらのミスのパターンは、すべて私が過去によく犯していたミスです。

このように「自分が犯してしまいがちなケアレスミスのパターンを分析して把握する」ことができたならば、次にやることは見えてくるはずです。今後そのミスをしないためにはどうすればいいかを考え、実行することです。

たとえば一つ目の「計算でカッコを外すときの符号ミス」に関しては、私は同様のシチュエーションに出くわすたびに「符号注意、符号注意……」と心で唱えていました。見直しの際も、符号ミスを特に意識して検算していました。

そんな意識づけを繰り返していくうちに、同じパターンのケアレスミスはほとんどしなくなっていったのです。

この「まずは自分が抱えている問題を明確に把握したうえで、解決法を考えて実行する」というメソッドは、すべての問題解決に通じるのでぜひ習慣づけておきましょう。

## A 03 人のケアレスミスは限りなくゼロに近づけることができる

このように言ってもなお、「なんだかんだケアレスミスは起きてしまうものだから仕方がない」と考えている人もいると思います。その考え方はある意味で正しく、ある意味で間違っていると私は考えます。

ヒューマンエラーを根絶するのは、たしかに不可能です。あるデータによれば、適度な緊張感を持って仕事をしている人でも「１０００回に3回」はミスをしてしまうそうです。

仮にミスがないか確認するために、もう一度点検したとしても、同様に「１０００回に3回」はミスにより見過ごしてしまうことでしょう。これらの数字を掛け合わせると「１００万分の９」になります。

つまり、どんなに注意深くケアレスミスをなくそうとして、解答後に見直しをしても、１００万分の９の確率で見落としが生じてしまいます。何度見直しをしても、そのミスの確率を完全にゼロにすることはできません。これはある意味では、人間の限界とも言えるでしょう。

しかし、見方を変えれば、１００万分の９（≒０・０００９％）という確率までケアレスミスを減らすことができるということです。そこまでくれば、**合否に与える影響も無視できるレベルと言って差し支えない**でしょう。ケアレスミスは「仕方のないもの」ではないのです。

## ケアレスミスをなくす方法

### 「ケアレスミス」という名前のミスはない、と認識する

**➡すべてのミスには傾向と対策がある**

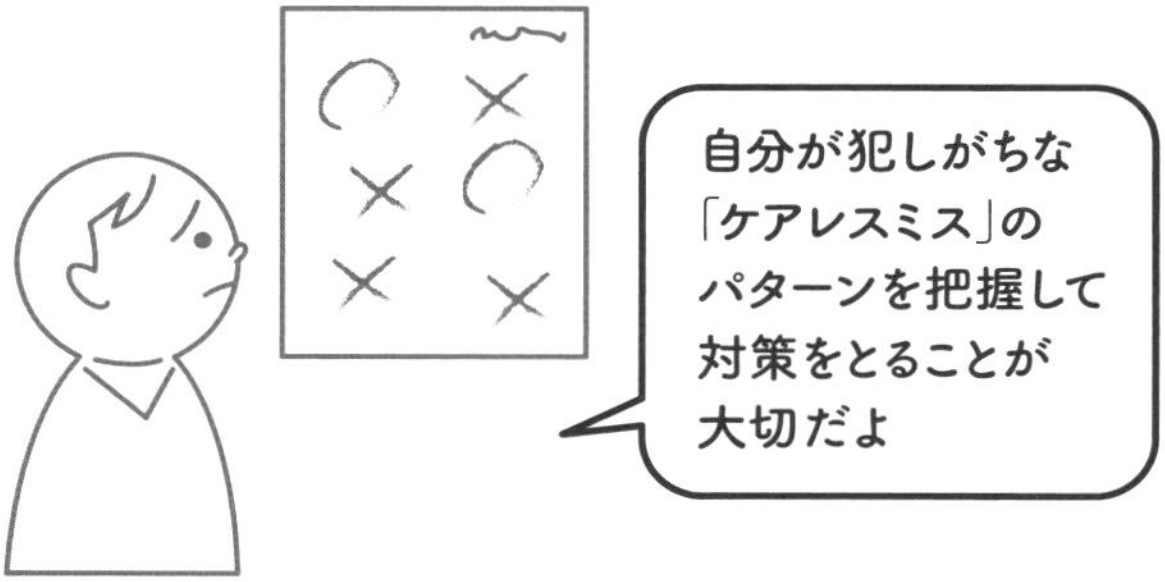
自分が犯しがちな「ケアレスミス」のパターンを把握して対策をとることが大切だよ

### 傾向と対策に沿って答案を見直せばケアレスミスはゼロに近くなる！

答案を見直すときにミスの傾向を意識すれば、ケアレスミスに気づきやすくなるよ

## Q07 勉強に疲れたときの、おすすめの休憩のとり方は？

効率よく勉強するためには、定期的に適切な休憩を取ることが大切です。では、長時間にわたる勉強でも集中力を維持し続けられるような、お勧めの休憩の取り方はあるのでしょうか。

## A01 休憩で大切なのは「計画通り勉強に戻ってこられる」こと

みなさんは長時間勉強の合間の休憩時間は、何をしていますか？

好きな音楽を聴いていますか？ YouTube動画を流していますか？

ゲームなどをやっていますか？ 机に突っ伏して寝ていますか？

このように気分転換の手段はいろいろありますが、どの方法を実践したとしても、実はまったく問題ありません。「休憩中に何をしたか」によって、勉強効率に大きな差が生まれることはないのです。

**むしろ休憩において本当に大切なことは「計画通り、勉強に戻ってこられるか否か」という、その一点に尽きます。**そこさえ守れる休憩の方法であれば、何をしても構わないのです。

逆にいえば「計画通り勉強に戻ってこられない」と予想される気分転換は避けたほうがいい、ということです。そう考えると、向いているものと向いていないものがおのずと見えてくるように思います。

休憩に向いていることとしては、たとえば「短時間で一区切りのある」「それ自体を長時間は続けられない」「没入感が強すぎない」という性質を備えたものが挙げられます。一方で、向いていないのは「一区切りまでが長い」「ダラダラ続けられる」「没入感が強すぎて時間を忘れがち」なものであると言えるでしょう。

とすると、あくまで一般論ではありますが、以下のように言えるのではないでしょうか。

**【向いているもの】**
**●音楽を聴く　●筋トレなどのエクササイズ　など**
**【向いていないもの】**
**●RPGなどのゲーム　●読書（漫画を含む）　●SNSやネット動画視聴　など**

特にSNSやネット動画の視聴は「明確な終わり」がなく、YouTubeなどもサジェストされた動画が次々と流れてしまい**「時間泥棒」になりがちなので注意が必要です。**

もっとも、最初に記したように、強い意志で予定通りに勉強に戻ってこられるようならば、休憩中にそれらに手を出してもいっこうにかまいません。

ちなみに私がときどきやるのは「好きな曲を1曲だけ、大音量で聴く」という気分転換です。一旦頭の中から勉強を完全に追い出し、その曲に対して熱中するのです。ボーカルラインのみならず、ギター、ベース、ドラムなどそれぞれの楽器が奏でる音に意識を向けてみると、意外な発見があったりして楽しいものです。

## A02 「筋トレしながら勉強」はまさに一石二鳥!?

勉強の合間というより、机に向かう集中力が切れたときに私がよくやっていたのは、ランニングマシンで走りながら予備校の講義動画を流して音声だけ聞いたり、筋トレをしながら暗記項目を反芻したりという、「筋トレしながらの勉強」です。

「なんだ、休憩していないじゃないか」と思われるかもしれませんが、あくまでも**「オマケで勉強している」感覚なので、別に頭に入れようという意識はありません。**気楽な気持ちで講義を聞き流したり、テキストを読み流したりしていました。また、筋トレにより「やる気ホルモン」とも呼ばれるテストステロンや、神経伝達物質であるセロトニンなどの脳内物質が分泌されるので、机に向かっての普段の勉強以上にリフレッシュした気分で取り組むことができるものです。

しかも、流れてくる講義内容に気を取られていたり、意識が暗記項目に向いていたりすると、それが筋トレの疲れから気を逸らしてくれる役割も果たすようで、普段よりも長時間トレーニングを実践できたこともありました。意外と、お勧めです。

**効率的な休憩を取るには**

## 休憩で大切なのは「計画通りに勉強に戻ってこられること」

**休憩に向いている**

・音楽を聴く
・エクササイズ
など

**休憩に向いていない**

・RPGなどのゲーム
・読書
・SNSやネット動画視聴

筋トレしながらの勉強も意外とオススメだよ！

# Q08

# 勉強のときのBGMとしてお勧めのものは？

勉強に集中できる環境づくりの一つとして、音楽を流すことは有効でしょう。お勧めのBGMについての質問も多かったので、BGM選びの基本的な考え方をお伝えします。

## A01 自然音やホワイトノイズを流すべし！

トレーニングや、単純作業を行うときなどは、無音よりも「BGMが流れているほうが効率や集中力がアップする」ことはよく知られています。

一方で複雑な作業や難易度の高い仕事を行う場合は、基本的にはBGMが流れていると、集中力が削がれ、効率の低下やミスの増加に繋がってしまいます。勉強の場合も同様で、BGMが聞こえている状態では人間の読解力と記憶力は低下することがわかっているので、勉強の妨げになってしまうのです。

ただし、**BGMによっては、かえって勉強効率を高めてくれるものもあります。**具体的に勉強中のBGMとしてお勧めできるのは、おもに以下の2つです。

**①自然音**

鳥のさえずりや川のせせらぎ、風の音など、耳に心地よく存在に気を取られない自然音はお勧めです。自然音は「1／f揺らぎ」という揺らぎを持っていてリラックス効果があります。また、脳からアルファ波を出すため集中力を高めてくれます。

**②ホワイトノイズ**

ノイズの一種で、さまざまな周波数の音をミックスして作られるノイズのことです。具体的には、換気扇の音やテレビの砂嵐のような「サーッ」「ゴーッ」というような雑音を指します。ホワイトノイズには集中力を高める効果や、安眠効果などがあることが知られています。

いずれのBGMも、たとえ耳に入ったとしても「聞こえていることを意識しないような音」です。このような音源ならば読解力や記憶力の低下にも繋がらず、むしろ適度なリラックス効果で集中力を高めてくれるのです。

一方、歌詞のある曲、特につい意味を考えてしまう日本語の歌詞がある曲などはもっとも不向きです。たとえ、どんなに自分の好きな曲であっても、勉強効率の低下を招いてしまうので注意が必要です。


**私のYouTubeチャンネル「Stardy－河野玄斗の神授業」の中では「勉強用・作業用BGM」として、何本かの音源動画を上げています。**総再生回数はBGMだけで7000万回を超えており、多くの方から「このBGMを使うと勉強に集中できる」というコメントをいただいています。

勉強のお供としてだけではなく、作業や読書などのBGMとしても最適なので、ぜひ勉強するときにでも検索してみてください。みなさんがこの音楽とともに勉強に集中できることを願っています。

## A 02 BGMを勉強スタートのトリガーにしてみよう！

歌詞のある曲は勉強中のBGMには適していない、というお話をしました。

しかし、多くのアスリートや、将棋など頭脳を使う競技のプロの中には、勝負に向かう前にテンションが上がる自分の好きな曲を聴く、という人も少なくありません。彼らにとってはその音楽が、勝負事に適したメンタルを呼び起こす「トリガー」になっているのでしょう。

それと同様に、勉強に向かう前に自分の好きな曲（これは歌詞があっても構わない）を聴くことは、お勧めできます。勉強に入る前に好きな音楽を聴くことで、脳にドーパミン（快楽物質）が分泌され、音楽を止めた後もしばらく、脳の「快」の状態がキープされます。ドーパミンには記憶力などをアップさせる効果もあるため、勉強効率の向上が期待できます。

このように**「勉強をスタートさせるためのトリガー」として、自分の好きな曲を使ってみる**のもいいでしょう。

Q 09

# 苦手科目にどう向き合えばいい?

私のYouTubeチャンネルに届く質問の中で、特に多いのが「苦手科目の克服法」です。苦手科目こそ伸び代が一番大きい科目であるため、合格を目指すうえで勉強しない手はありません。しかし、実際に苦手科目に向き合うとすぐに苦痛を感じてしまうものです。苦手科目に向き合うときの考え方を、いくつか紹介していきます。

A 01

## 苦手科目はただの思い込みである可能性が高い!

多くの人にとって、得意科目の勉強がなぜ楽しいかについては「わかるから」という理由が大きいことと思います。わかるから楽しくなっていくし、楽しくなっていけば勉強に身が入るので、ますますわかるようになっていきます。得意科目は「わかる→楽しい→わかる→楽しい→……」という「正のループ」を形成しやすいのです。

一方で、苦手科目はその逆で「わからない→つまらない→わからない→つまらない→……」という「負のループ」が形成されやすいです。解けないからつまらないし、つまらないから勉強に身が入らず、ますます解けなくなっていくのです。

精神論のようになってしまいますが、**このループから抜け出すもっとも簡単な方法は「苦手意識を持たないようにすること」**です。私たちが苦手科目だと認識しているものは、案外「苦手である」と勝手に思い込んでいるだけの場合が多く、**実際のところは「勉強をしていないだけ」である**ことが往々にしてあります。

受験の各科目をまったく同じペースで進めていくことなんて、できるはずがありません。必ず科目ごとに進捗のムラがあるはずです。

それにもかかわらず、たとえば模試や過去問を解いてその科目だけ点数が低いと「この科目は自分の苦手科目なのか」と認識してしまいがちです。これにより、苦手意識を感じて、その科目を自然と遠ざけてしまうのはあまりに勿体ないです。

この場合、「まあこの科目はそんなに勉強していないからな」と開き直って、むしろ「この科目は伸び代があるから頑張ろう」とポジティブに捉えて勉強すれば、案外、得意科目にすらなり得ます。

なんとなく感じている苦手意識については、「この科目は自分が勉強してこなかっただけで、勉強してみると意外と楽しいし、得意科目にもなるはずだ」と自己暗示をかけて、苦手意識を取り払っていくことが非常に有効なのです。

## A02 目標を立てて苦手科目だけ徹底的に勉強してみよう！

苦手科目に対して、一度時間をかけて勉強して「わかる」ようになれば、「わかる→楽しい→…」の正のループに入ることができます。

この変化を実現するためには、**模試や答練をペースメーカーとして活用することがお勧め**です。具体的には次の模試に向けて「他の科目は点数が取れなくていいから、この科目だけは点数が取れるようにしよう」と決意して勉強してみるのもいいでしょう。あるいは「その科目の答練」を家で解く日程を事前に決めてしまって、それに向けて猛勉強するのもお勧めです。

これにより苦手科目の勉強時間を無理やり増やすことができますし、そこで点数が伸びていることを実感すれば、苦手意識も取り払われることでしょう。

実際、私は公認会計士の短答式試験の本番1ヵ月半前の答練で「監査論」という科目で5割しか得点できなかったときに、1週間後に受ける模試に向けて監査論だけはマスターしようと決意して学習に励みました。その結果、監査論はその模試で75点まで伸ばすことができ、「このように勉強していけば、監査論で得点を伸ばせるのだ」ということを体感することができました。他の科目の点数は落ちてしまいましたが、それらの科目についてはもともと苦手意識がなく、それこそ「まあ1週間勉強していないからな。むしろ伸び代があるから頑張ろう」とポジティブに捉えることができました。なお、監査論は試験本番で90点取れ、得意科目以上の得点率を叩き出すまでに成長しました。

ちなみに、苦手科目に手を付け始めた時点では「得意科目並みの高得点」を目標にする必要はありません。**「試験に合格する」というゴールを達成するための得点戦略は受験生によって異なる**ので、自分の得点戦略をゴールから逆算して決めておくとよいでしょう。そうすることで、得意科目よりも低い点数を取ってしまった場合でも、過度に落ち込むことを防ぐことができるのです。

苦手科目との向き合い方

## 苦手科目は“ただ勉強していないだけ”の思い込み？

**正のループ** 得意科目は勉強していて楽しいので、どんどんできるようになる

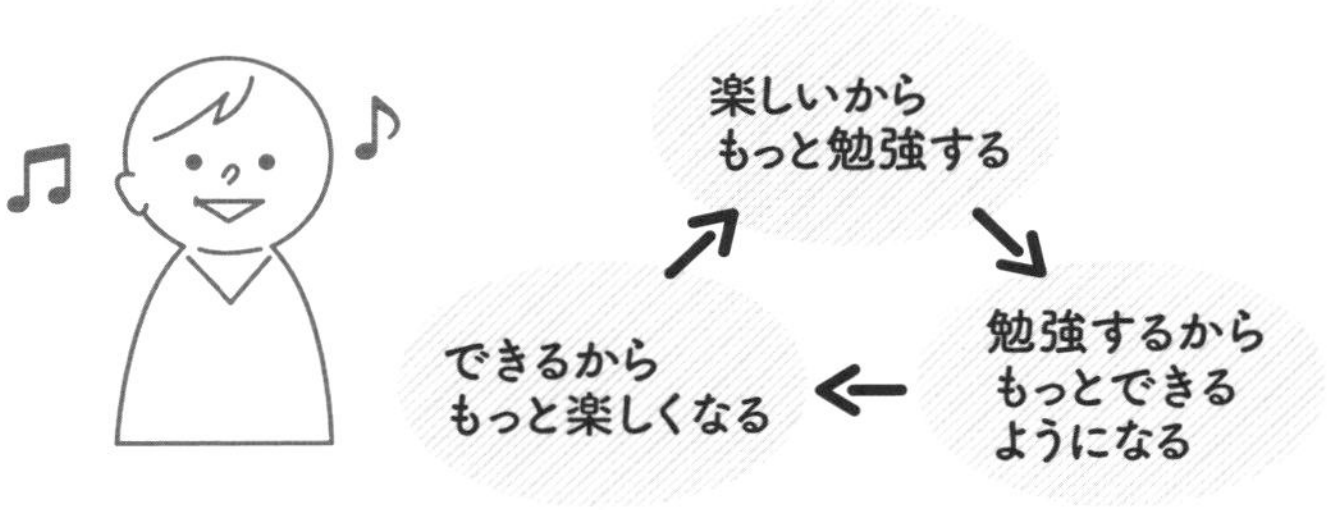
楽しいから
もっと勉強する
勉強するから
もっとできる
ようになる
できるから
もっと楽しくなる

**負のループ** 苦手科目は楽しくないからやらないので、どんどん苦手になっていく

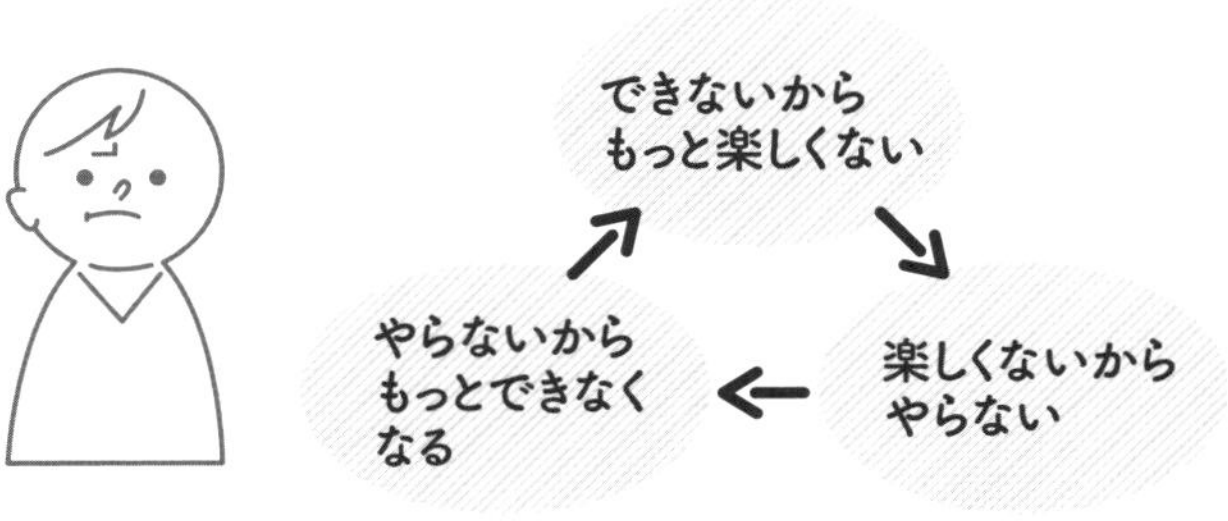
できないから
もっと楽しくない
楽しくないから
やらない
やらないから
もっとできなく
なる

**苦手意識を捨てなければ“負のループ”から抜け出せない**

# Q10 試験本番で必ず緊張するのですが、どうすればいい？

試験当日に緊張しすぎると本来の実力が発揮できず、これまでの努力が無駄になってしまいかねません。しかし、勉強に本気で取り組んできた人ほど、当日は緊張してしまうものでしょう。「過度の緊張で本来の実力が発揮できない」という状態に陥らないためのマインドセットをお教えします。

## A01 緊張はあなたの味方だということを認識しよう！

はっきり言いますと「合格したい」と心から思っている試験当日を迎えて、まったく緊張しないことなんてほとんどあり得ません。これまでさまざまな試験を受けてきた私でも、試験当日は緊張するものです。

この「緊張」は悪いものだと考えられがちですが、実は試験において強い味方になってくれ得るものです。**人間は「適度な緊張」によって集中力が高められ、高いパ**

**フォーマンスが引き出されることが研究によって示されている**のです。

そのため、試験会場で緊張している自分に気づいたとしても「緊張してはダメだ。緊張するな」と自分に言い聞かせる必要はありません。むしろ、「おっ、私、緊張しているな。これで普段以上に実力が発揮できる。なんてラッキーなのだろう」くらいポジティブに捉えるのがよいでしょう。このポジティブさにより、過度な緊張状態に陥ってしまう可能性をかなり減らすこともできるはずです。

# A02

## 「やり切った」と思えるまで勉強し続けよう！

人間は、おもに状況が自分のコントロール下にないと感じたときに、その不安と恐怖から緊張が呼び起こされます。人の緊張状態を引き起こす不安や恐怖には、以下のようなパターンがあるとされています。

**① 「失敗したくない」「周りによく思われたい」（プライド型）**

**② 「周りがみんな優秀に見える」（コンプレックス型）**

**③ 「過去の失敗が甦ってくる」（トラウマ型）**

**④ 「もうちょっと勉強できたのではないかと思ってしまう」（準備不足型）**

これらの**緊張を払拭するためにもっとも効果的なのは結局、「とにかくひたすら勉強すること」**です。

これさえできれば、上記の４つの理由のうち、①「プライド型」と②「コンプレックス型」と④「準備不足型」に起因する不安や恐怖はかなり軽減することができます。

さらに、その結果として合格を勝ち取ることができたならば、その成功体験によって③「トラウマ型」に起因する不安や恐怖も軽減され、次の大切な場面（資格試験に限らず仕事上の勝負などでも同じ）での不必要な緊張を大幅に緩和することができます。

結局は「不安がなくなるくらいまで勉強をやり切る」ことが、もっとも大切なのです。

なお勉強に限らず**「試験のためにやってきたことを集めてみる」という方法も有効**です。

これは本当に小さいことでもよく、たとえば「そういえば親がお守りを買ってきてくれたな」「そういえば昨日カツ丼食べて願掛けしたな」のようなもので構いません。

これらの小さな頑張りを一つ一つ思い返して、「勉強にとどまらず、神頼みまでしたんだ。それほどまでにこれまで頑張ってきたんだ」と少し過剰なくらいにポジティブに捉えてみれば、緊張は幾分和らぐと思います。

# Q11 勉強と遊びの両立はどうしていた？

勉強しなければいけないことはわかっているけれども、遊びもしたいと思っている方は多いのではないでしょうか。勉強と遊びを両立させることに対する私見について述べていきます。

## A01 「勉強」と「遊び」を両立させてきたわけではない！

私は大学3年次に司法予備試験、4年次に司法試験に合格し、医学部6年次にはストレートで医師国家試験に合格しました。また、大学の卒業後、約9ヵ月の勉強で公認会計士試験に合格しています。

このように書くと「青春時代を勉強のみに費やした人」に見えるかもしれません。もちろんそれも一つの青春の形ではありますが、私の実情はまったく異なります。

私は東京大学理科三類に入学後、大学の教養課程である1～2年の間は、勉強を完全に二の次にしていました。毎日のようにサークル活動や友達との交流に明け暮れていて、大学の試験は一夜漬けで乗り切るという生活を送っていたのです。

これは、自分の人生について考えたときに、「社会人になったらとてつもなく忙しい日々が待っているだろう。それなら時間がある大学生の間は、後悔しないように思いっきり遊ぼう」という明確な目的があったためです。

そして、大学2年の冬に一念発起して、司法予備試験の短期合格を目指すことを決意しました。第4章でも述べますが、その後は友達からの遊びの誘いもすべて断り、朝から晩まで毎日勉強に明け暮れていました。そうして司法予備試験の合格を何とか勝ち取ることができました。

このように考えてみると私は、遊びと勉強を同じ時期に両立させているわけではありません。一つ言えるのは、自分の人生計画をしっかりと見据えて「集中すべきときにとことん集中してきた」ということです。「資格試験に合格する」と強く決意したのであれば、メリハリをつけて本気で試験勉強に取り組みましょう。合格しさえすれば、後でいくらでも遊べるのです。

## A02 幸福の最大化を意識して優先順位をつけよう！

私は、医学部での勉強と並行しながら、司法試験に無事合格することができました。

このときの両立において一番意識していたのは、とにかく「優先順位をしっかりつける」ことです。

私が司法試験に向けて勉強を始めたときは、医学部の勉強は「ギリギリ単位を落とさない程度」に抑えようと思っていました。その分、司法試験の勉強は一切妥協をせず、可能な限りの時間と労力を割くことにしていました。

これは、医学部で良い成績を修めるよりも司法予備試験に最短合格するほうが、自分の「人生における幸福が最大化される」と感じたためです。

重要なことは、**人生の幸福が最大化される選択を考え抜き、自分の中で納得できる優先順位を導き出すこと**です。「**両立させること**」と、「**どれも全力でやること**」**は違う**のだということを認識していただけたらと思います。みなさんが「自分なりの幸福」が何なのかを考え抜いて、幸福の最大化が実現されますように。

# Chapter 4

# 三大難関国家資格 私の合格体験記

私は三大難関国家資格に一通り短期で合格することができましたが、これら3つの資格試験での経験を横断的に語れる人は稀有だと思います。この章では、私の生きた証を残すという意味も込めて、各試験の合格体験記及びオススメの勉強法について述べていきます。

各試験を実際に受験される方は多くないかもしれませんが、気になる部分だけでもつまみ食いしてみてください。みなさんの資格試験の勉強の参考になれば幸いです。

# 司法試験

勉強期間：2015年冬～2017年5月

## ☑ 私の司法試験受験生生活

私が司法試験への挑戦を最初に決めたのは、大学2年生の夏ごろです。自分の将来像について考えたときに「医療の知識を持った弁護士」になって、たとえば医療ミスなどで泣き寝入りせざるを得ない患者さんの力になりたい、と思ったのがきっかけです。

司法試験を受験するためには、基本的には法科大学院に進まなければなりませんが、その裏ルートとして「司法試験予備試験制度」が存在します。「予備試験」に合格さえしてしまえば、法科大学院に進まずとも司法試験の受験資格が与えられるという、いわば「飛び級」のような制度があるのです（その分、予備試験の合格は非常に難しいです）。

私は法科大学院に進学していなかったので、まずは予備試験に向けての勉強を始めたわけですが、実は当初は「2年計画」を立てていました。というのも、予備試験合格までの期間は一般的には「早くても2年、通常だと3〜5年程度」とされていたためです。

しかし、これは私の性格によるものが大きいのですが、ゴールが2年も先になってしまうと「まだ時間的に余裕はある」と油断してしまい、勉強に身がまったく入りませんでした。ついサークル活動や友人との交流などを優先してしまい、予備試験に向けた勉強が一向に進まなかったのです。

その後、紆余曲折あって計画を1年前倒しにしたのですが、その主な理由は「大学5年次からは毎日病院での臨床実習が入ってきてしまうので、2年後の予備試験を目指す場合は、司法試験受験と臨床実習が被ってしまう」ということに気づいたからです（受験勉強開始時に気づくべきだったと言われれば、本当にその通りです）。

そして大学2年の冬、同じく予備試験の合格を目指す東大法学部の友人たちと話す機会があり「みんなで来年の予備試験に合格しよう」みたいな契りを交わしたところから、私の受験生生活が始まりました。その友人たちには圧倒的に遅れをとっていたことも「ここから追いついてやる」というモチベーションに繋がりました。

そこからは誇張なく「起きている時間はひたすら勉強」という毎日でした。食事しながらも、シャワーを浴びながらも、トイレの中でも勉強しました。スキマ時間を見つけては、「この時間もどうにかして勉強できないか」と模索して、有効活用しました。

東京大学には医学図書館という場所があり、毎日閉まるギリギリの23時半まで籠っていましたし、その際にスマホをいじらないよう自宅にスマホを置いて学校に通っていました。

もちろん医学部の勉強も合間にやっていたのですが、自分の中での優先順位は、「司法試験に短期合格すること」が圧倒的上位に位置していたため、医学部の勉強は最小限にとどめていました。具体的には、大学の単位をギリギリ取り切ることを目標にして、友人に聞き回った「最低限やっておくべきこと」だけに取り組みました。

正確な時間はわかりませんが、大学の定期試験直前を除いたほとんどの日は、少なくとも1日10時間以上は司法試験の勉強のために割いていました。


このように、難関資格試験の合格（特に短期合格）は、「合格するまでの人生をその試験に捧げる」くらいの覚悟があって初めて成し遂げられると思っています。合格後の人生には、見たことのないような「新しい世界」が広がっているのですから、腹を括って努力を積み重ねていきましょう。

## ☑ 河野式／科目ごとの攻略法

**【憲法／行政法】**

**――全体を網羅しようとするとコスパが悪すぎる。早々に過去問に当たろう――**

憲法は司法試験を志す受験生の誰もが、最初に手を付ける科目だと思います。しかし実は、憲法は「その勉強方法をもっとも間違えやすい」科目でもあります。

これは実際に過去問に取り組んでみて初めてわかることではあるのですが、憲法の短答式試験では「判例の微妙な言い回しの違いで○×を判断させる問題」が出題されたり、論文式試験では「目的手段審査」という枠組みの中の、「いかに説得的な作文ができるか」で点数の大部分が決まってきたりします。

勉強開始時でやる気に満ち溢れているため、憲法を隅から隅まで勉強したくなる気持ちはよくわかります。しかし、そもそも全体像を把握して過去問にあたってみない限り的外れな勉強をしてしまう可能性が高いことや、後に控える他科目の分量の多さと重要性に鑑みると、完璧にしようとする意識は不要です。

とにかく一周目は「各論点の大雑把な理解と全体像の把握」に努めて、細かい勉強については他科目の学習も一通り終えた後に始めてください。

一方で、行政法は「行政手続法」「行政事件訴訟法」など山ほどある関連法律の総称であり、全体のボリュームは膨大です。しかし、重要なところに絞って見てみれば、法律科目の中でもっともコスパの良い科目でもあります。処分性、原告適格、訴えの利益、本案勝訴要件などの重要項目だけはしっかりと学習し、残りのいわゆる短答プロパーについては「直前期に詰め込まないとな～」と思いながら、全体像の把握を意識しつつ読み流しておけば十分でしょう。

また、これは憲法と行政法に限らずすべての科目に共通して言えることなのですが、一通りテキストを学んだら過去問にできるだけ早く当たって、「どのような問題を意識して基本書を読んでいかなければならないか」のイメージを膨らませておくといいでしょう。

## 【民法／商法／民事訴訟法】

### ――初期から「暗記用論証パターン集」を活用して全体像の把握に努めよう――

民法、商法、民事訴訟法の民事系科目は、いずれも範囲が膨大です。そのため、特に全体像を意識した学習が必須です。目次を見ながら「この単元にはこういう論点があったな」と確認していくなどして、大枠の把握を優先していきましょう。その際、必ず六法を横において学習してください。基本的に各論点の「問題の所在」（＝なぜ論点が存在するか）は、条文の文言解釈にあります。条文の抽象的な文言をどのように解するべきかについて学んでいくのですから、そもそもの前提として「どの条文のどの文言が問題になっているのか」ということを、しっかりと実際の条文を見て把握しておくことが重要です。

また、はじめから「暗記用論証パターン集」を活用することもオススメします。「論証パターン集」はおもに論文式試験の学習に重宝するものではありますが、「論文式試験でも問われ得るくらい重要な論点が一通り、答案に書ける程度にはコンパクトにまとまっている教材」として考えてみれば、全体像の把握に非常に役立つことは理解いただけると思います。

さらに、民事系科目の学習において、「条文、制度の趣旨の理解」と「論点どうしの繋がりの把握」は必須です。基本的に各論点はその条文、制度の趣旨から考えていくので、極論ですが条文、制度の趣旨さえ理解できていれば、その場で考えて結論を導くことも可能なわけです。

また、後者に関しては「この論点とこの論点は、こういうケースにおいて、セットで問われやすい」というパターンがたくさんあるので、実際の論文対策問題を通して、そのパターンをなるべくストックしていく意識を持ちましょう。

## 【刑法／刑事訴訟法】

### ――勉強してきた内容がそのまま問われやすい科目。高得点勝負になりやすい――

刑法、刑事訴訟法の刑事系科目においては、「罪刑法定主義」（≒法律上の規定がなければ、罪に問えないこと）の都合上、「ケースバイケース」の幅が非常に狭くなっています。犯罪が成立するか否かなどについては、法律の規定に沿った明確なロジックのもと判断されるわけです。

そのため、試験においては現場思考の割合が小さく、勉強してきたことがそのまま問われやすく、高得点勝負にもなりやすいです。

また扱う論点は、逮捕による身体拘束など、重大な人権侵害を伴いやすいものです。そのため、刑事系科目においては判例と学説の対立が特に激しく、複数の立場を各論点でしか押さえずに進めると最初はこんがらかりやすいです。「全体像を把握し、メリハリをつける」という観点から、民事系の学習同様に「論証パターン集」を用いて、論文式試験で自分が記述していくであろう「一つの立場」について重点的に理解を深めていくことを勧めます。

先ほども述べたように、刑事系科目は非常にロジカルです。たとえば刑法における「構成要件→違法性阻却事由→責任阻却事由」という大枠のように、思考するうえでのマニュアルが存在しています。

このマニュアルに沿って、問題文で与えられている条件を論理的に組み立てていくわけですが、これはパズルを解いているかのような感覚でした（個人的には、思考方法は数学にかなり近いように思います）。どのようにパズルのピースをはめていくのかについては、実践を通しての学習がもっとも効率が良いので、特に問題演習の比重を高めに勉強するのがいいでしょう。

**【法律実務基礎科目／一般教養科目】**
**――非常にコスパの良い科目。後回しにして取りこぼすことのないように注意――**

初めに、法律実務基礎科目（民事実務／刑事実務）は非常にコスパの良い科目です。暗記量が少なく点数が圧倒的に取りやすいうえ、法律実務基礎科目の学習によって他科目の点数も底上げされます。

民事実務では「要件事実」と「民事手続」についておもに学習していきます。「要件事実」で重要なことは、一切暗記しようとせず、条文を見ながらそのロジックを導き出せるようにすることです。条文を見ながら「まずAはこういう主張をして、Bはこういう反論をして」という流れを汲み取れるようになることを意識して学習を進めていきましょう。

この学習は、民法の論文式試験に大きく活きてきます。

「民事手続」の学習は、民事訴訟法と被っているところが多く、実際の訴訟の場面を想定しながら大枠を理解していくという学習方法が望ましいでしょう。

一方で、刑事実務では「事実認定」と「刑事手続」についておもに学習していきます。

「事実認定」の問題は、誤解を恐れずに言うと「作文」です。基本的には、監視カメラなどの証拠から犯人として認められ得るか否かの結論を導いていきます。これは作文の型や近接所持の法理など最低限の思考パターンを何となく理解したら、早めに過去問に当たっていきましょう。

「刑事手続」の学習は、刑事訴訟法と被っているところが多く、「民事手続」同様に、実際の訴訟の場面を想定しながら大枠を理解していきましょう。

また法律実務基礎科目に通貫して言えることは、過去問の勉強が特に有効だということです。同じような内容の問題が手をかえ品をかえ出題されることが多いので、過去問を解きながら学習していくことも忘れないようにしましょう。

とにかく、法律実務基礎科目は圧倒的にコスパが良く、他科目との親和性も高いので、合格者はこの科目で点数を稼いでいます。法律実務基礎科目を後回しにしてしまう人は多いですが、取りこぼすことがないように気をつけてください。

最後に一般教養科目ですが、短答式試験においては数学や英語など幅広いジャンルから全40問程度が出題され、そのうちの20問を選択して解答する形です。そのため、たとえば国際情勢や歴史など、自分の勉強してきた科目を選べば点数は取れる、と思われがちです。しかし難易度はそれなりに高いので、実際は半分も取れないこともあります。事前に「この単元を解こう」という問題をある程度決めておきましょう。また、他科目の目標得点を設定するために、一般教養で何点程度取れそうかを早い段階で把握しておくことは重要でしょう。

## 司法試験の概要

司法試験の受験資格を得るためには、受験資格が不要な「司法試験予備試験」に合格するか、法律の専門職大学院である「法科大学院」に入学して修了する必要があります。

**「司法試験予備試験ルート」「法科大学院ルート」**

**それぞれメリット／デメリットがありますが、**

**最短での合格を目指すならば「予備試験ルート」がお勧めです。**

司法試験予備試験合格率 3.63%（2022年）

司法試験合格率 45.52%（2022年）

参考：司法試験予備試験合格者の司法試験合格率は97.53%（2022年）

**予備試験**

- 5月中旬頃 短答式試験
- 7月中旬頃 論文式試験
- 10月中旬頃 口述試験

**法科大学院入試**

私立大学：8～2月頃
国公立大学：10～12月頃
〈法学未修者コース〉小論文・面接試験等
〈法学既修者コース〉法律基本科目の論文試験等

↓

**法科大学院修了**

〈法学未修者コース〉3年間
〈法学既修者コース〉2年間

↓

**司法試験**

- 5月中旬の4日間
- 1～3日目 論文式試験
- 4日目 短答式試験

↓ 合格

**司法修習**

↓ 司法修習生考試　合格

**法曹三者**

# 医師国家試験

勉強期間：2017年秋〜2020年2月

## ☑ 医師国家試験受験生生活のスタート

続いて、医師国家試験について記していきます。医師国家試験は、医学部を卒業したか卒業見込みでなければ受験することができません。その意味では、大学入学時からの6年間すべてが、医師国家試験の受験期間である、と言うことはできます。

とはいえ、大学入学時から医師国家試験を意識して対策する人は稀有ですし、東京大学では大学1〜2年生の学生は皆、教養学部に属するため、基本的に医学を学ぶことはありません。

私自身、医学の勉強を本格的に開始したといえるのは、司法試験の受験を終えた大学4年生のときでした。それまでは「大学の単位を落とさないギリギリのライン」を狙って一夜漬けを繰り返していたため、医学の知識は限りなくゼロに等しかったと言えるでしょう。

医学部では、医師国家試験よりも前の関門として、大学4年次に受ける「共用試験」があります。この共用試験は、まもなく始まる病院での臨床実習に向けて、最低限の知識と技能を身に付けていない学生を振るい落とすために行われるものです。つまり、この試験に落第すると進級できず、病院実習に参加できないことになります。

私の場合は、司法試験を終えてしばらく羽を伸ばした後に、この共用試験を意識して勉強を始めたのが受験勉強スタート時と言えるでしょう。具体的な対策方法についてですが、予備校で共用試験対策の講義を受けて、本書でお伝えした通りの学習方法を行ったのみです。本書の勉強メソッドは、すべての資格試験に通じるというわけです。

## ☑ 予備校講義を臨床実習の予習に利用した

共用試験が無事に終わると臨床実習の日々が始まるわけですが、この頃から医師国家試験対策のための予備校講義を受講し始めました。

臨床実習は1～3週間ごとにさまざまな科を渡り歩き、2年間かけて総合病院内にあるほとんどすべての診療科を巡っていきます。私はこの臨床実習をペースメーカーとして使い、「次に回る予定の診療科のオンライン講義を、回る前までに受講する」というスケジュールを組むことにしました。

そうすることにより、直前に予備校の講義で学んだ知識が、どのように現場で使われているかを自然に意識することができるようになりました。また、現場で先生についていき、さまざまな患者さんとお話しするときも、ある程度の自信を持つことができるようになっていました。

実際、病院実習はかなりの時間拘束があるため、その時間を無駄にしてしまってはもったいないです。事前知識なしで診察についていっても、文字通り診察を「眺めて」終わる可能性が高いでしょう。限りある時間の価値を最大化するために、医師国家試験の対策も兼ねた事前予習をすることをお勧めします。

このように、臨床実習と国試対策予備校での学習を並行していたのですが「医師国家試験に向けた知識の詰め込み」自体は行っていませんでした。本番の1ヵ月前に解いた過去問では、合格点を大きく下回っていたことを記憶しています。

それでも、病院実習期間中に「各診療科の全体像の把握」を済ませていたため、スムーズに知識の詰め込みを行うことができ、本番では難なく合格点を上回ることができました。

ちなみに、私は直前の詰め込み期においては、自分のYouTubeチャンネルで毎日のように「10時間勉強配信」を行っていました。

「勉強配信」は、自分が勉強している姿をただひたすらライブで配信するというものです。要はオンライン自習室のようなもので、同じように勉強しなければいけない人たちが集まって、「みんなでそれぞれの目標に向かって努力しよう」という趣旨の配信です。

この勉強配信があったからこそ、私自身みなさんに励まされ、医師国家試験を乗り越えられたと感じています。心より感謝申し上げます。

## ☑ 医師国家試験ってどんな試験？

医師国家試験はすべての問題が選択問題であり、マークシート方式の解答のみです。

意外に思われるかもしれませんが、医師国家試験の合格率は約90％と非常に高くなっています。その合格率でもなお医師国家試験が難関だと言われるのは、受験生のレベルが非常に高いためです。

受験生は皆、大学入学の時点で医学部入試を突破してきた猛者たちです。さらに医学部を卒業するまでに、共用試験や大学の卒業試験を始めとした多くの厳しい関門をくぐり抜けています。

そして、最後の関門として控えている医師国家試験に落ちると、丸々1年間の国試浪人生活が待っているわけですから、そのプレッシャーを感じながら、猛者たちは全力で国家試験の対策をします。結果として上位90%に入るのも至難の業になる、というわけです。

## ☑ 河野式／医師国家試験の攻略法

まず臨床実習を通してやるべきことは、自分が回る診療科の学習をその都度潰していくことです。全体像の把握に努めつつ、随時、医師国家試験の過去問にも当たってみてください。それだけで、試験直前に知識を詰め込んでいくための下地ができます。

その下地ができている前提で、私が直前対策として何をしたかといえば、おもに「直近3年分の過去問を頭に叩き込む」ことだけです。一見少ないように感じると思いますが、1年あたりの問題数は400問もあるので、3年分を完璧にするだけで相当時間がかかります。

過去問を解きながら、理解が浅いと感じる単元があれば、その都度自分が学習してきた予備校のテキストなりレジュメなりに立ち返って、「その周辺知識も合わせて」復習していくことが必須です。

医学はとにかく奥が深すぎるため、勉強範囲を広げようと思えばいくらでも広げることができてしまいます。試験範囲が膨大な試験では特に、「いかに勉強する範囲を絞るか」が合格の鍵になってくるので、過去問を有効活用していくことをオススメします。

ちなみに、これは私も活用したのですが、予備校の講座の中には「試験直前に総まとめしてくれる講座」や「最新トピックをコンパクトに教えてくれる講座」などもありますので、手を広げすぎない範囲で検討してみるといいでしょう。

# 公認会計士試験

**勉強期間：2021年11月〜2022年8月**

## ☑ 私が公認会計士試験の受験を決めた理由

私が公認会計士試験の受験を決めた理由は、大きく分けて3つあります。一つめの理由はYouTubeチャンネルの企画「最強の履歴書をつくろう」における「資格のラスボス」として、視聴者のみなさんから「受験してほしい」という要望が大きかったことです。

二つ目の理由は、会計士試験のための勉強内容が、今後何十年も会社経営をしていくうえで非常に役に立つものだ、と考えたことです。会計士試験に含まれる会計学、経営学、租税法など、そのどれもが現に、私自身の会社経営に活かされていると実感しています。

三つ目の理由としては、会計士の研修期間に兼業禁止規定がないことが挙げられます。公認会計士の資格を最終取得するためには、会計士試験の合格後に実務補習を修了する必要があります。

たとえば、医師や弁護士の資格を最終取得するためにも、国家試験合格後に研修を受ける必要があるのですが、これらの研修期間中は兼業が禁止されており、すでに自分で別事業を行っていた私にとっては研修に行くことは困難でした。

一方で公認会計士の研修期間にはそのような兼業禁止規定はなく、実務経験を積みながら今の会社もそのまま経営し続けることができます。これも自分にとっては大きなメリットに思え、受験の決意を後押ししてくれる大きな要素になりました。


そもそも、「公認会計士とは一体何をする職業なのか」知らない方も多いでしょうから、ここで簡潔に説明させてください。

まず、会計士にのみ法律上許されている独占業務は「監査」、即ち会社の決算書をチェックすることです。会社は決算書という会社の通信簿のようなものを作成し、公表しなければなりません。

会計士はその決算書に嘘偽りがないか、たとえば本当は赤字なのに黒字になるよう売り上げをかさ増ししていないか、などをチェックします。これによって投資家が、安心して決算書を参考にしながら、その会社に投資できるようになるわけです。

会計士はこのように企業の監査を行う必要があるため、その分「お金や企業」について深く学習しなければなりません。

そのため公認会計士のキャリアは幅広く、監査業務のみならず、会社を設立して経営者になったり、企業のCFO（最高財務責任者）に就任したり、他企業のコンサルティングをしたり、さまざまな道が開かれています。その意味で、公認会計士は「自分の可能性を広げるのにぴったりな資格」といえるでしょう。

## ☑ 公認会計士試験での大失敗

公認会計士試験には免除制度があります。たとえば、司法試験合格者は短答式試験すべて、および論文式試験の一部科目が免除される場合があります。

公認会計士試験の受験生は通常、年に2回ある短答式試験（財務会計論、管理会計論、監査論、企業法の4科目）を受け、その通過者が毎年8月にある論文式試験（会計学、監査論、企業法、租税法、選択科目の5科目）に挑むことができます。

しかし、司法試験合格者の免除制度を用いることで、論文式試験の「会計学（財務会計論＋管理会計論）、監査論、租税法」の受験のみで、最終合格を目指すことができるのです。

もちろんこれでも必要な学習量は十分多いのですが、通常ルートと比べれば圧倒的に労力は少なく済みます。

私は当初、この免除規定を使うつもりでした。論文式試験は「狭く深く」学習していくことが重要で、それは私の得意としているところでもあったため、正直合格できるだろうと油断していました。

実際、予備校から教材が届いたのは2021年11月のことでしたが、初めの3ヵ月間は別の仕事が忙しかったこともあり、3~4時間勉強できる日があれば上出来だと思っていたくらいです。

そして、2022年2月に入って、いざ公認会計士試験の願書を提出しようと思ったのですが、そこで免除制度の申請期間を過ぎてしまっていることに気付きました。

免除制度を適用するためには、司法試験の合格証明書を然るべき機関から取り寄せてから、それを公認会計士・監査審査会に提出する必要があります。証明書の取り寄せにも、証明書提出後の審査にも時間がかかるため、願書の提出よりもかなり前から動き始めていなければならなかったのです。

そこから、3ヵ月後（2022年5月）に控える短答式試験に向けて、勉強漬けの日々が始まりました。

## ☑ 私の公認会計士試験の受験生活

短答式試験は択一式のマークシート式試験で、膨大な量の暗記を必要とします。細かい規定も含めて暗記する必要があり、いわば「広く浅く」の学習が必要とされています。

とりあえず私は、予備校の講義を片っ端から消化していくところから始めました。その都度問題集にも取り組み、初めのうちはとにかく理解することに努めました。

また、それと並行して予備校の質問制度も活用しました。具体的にはたとえば、短答問題集の量が多すぎて解ききれないと判断して、予備校講師に「どの単元の問題を重点的にこなすべきか」などのアドバイスを詳細にいただきました。

ちなみにその予備校はＣＰＡ会計学院という合格者数1位を誇る予備校なのですが、現在私はその予備校の特別講師として教鞭をとっています。人生何が起こるかわからないものです。

さて、毎日のように起きている時間はすべて勉強に捧げてきたのですが、第2章でも述べた通り、1ヵ月半前に受けた模試では得点率が51・4％でした。それまで理解に努めていた私は、「そろそろ莫大な量の知識を頭に詰め込み始めなければ」と感じ、その方法を模索し始めました。

その模索の過程で、「サマリー教材を有効活用」することで超効率的に暗記していけることに気づきました。第2章で述べた「サマリー教材を利用した直前詰め込み法」は、背水の陣の状況下で私が必死に勉強のPDCAサイクルを回した末に編み出した勉強法だったのです。

このように「理解の徹底」と「高速暗記法」を駆使して、毎日10時間以上ひたすら勉強を続けることで、合格を勝ち取ることができました。難関資格に短期で合格するためには、量と質のどちらも追求し続けなければならない、ということなのです。

## ☑ 河野式／科目ごとの攻略法

私は現在、公認会計士の予備校であるCPA会計学院の講師も務めていますので、公認会計士試験の対策についてはある程度厚めに書きました。参考になれば幸いです。

**【財務会計論／管理会計論】**

「会計学を制するものは、試験を制する」と言われているように、公認会計士試験は財務会計論・管理会計論をいかに得意にするかがすべてと言っても過言ではありません。

**①短答式試験対策**

とにかくまずは「会計学の計算」をなるべく早い段階で完成させましょう。「簿記はスポーツである」としばしば言われるように、計算問題については演習問題を解いていく中で力をつけていくことが大切です。テキストの構成は「説明→例題」という順序で書かれていることがほとんどだと思いますが、復習の順序としては「まずテキストの例題を解いてみてから、抽象論の説明に目を通す」ほうが効率的です。

ここで重要なことは、問題を解いていきながら、単元ごとに「要はこういうことをすればいいだけか」と自分の言葉で要約していくことです。121ページ（第3章Q05A02）の連立方程式の例でいうと、連立方程式を大量に解いて終わらせるのではなく、解き終えた後に「要は1文字消去すればいいってことか」と頭の中で簡潔にまとめるのです。

このような「脳内での一言要約」をすることなく、「とりあえず手を動かせばいつかは解けるようになるでしょう」というパワープレイで乗り切ろうとすると、同じ問題集を3周しても一向に解けるようにならない事態に陥ってしまう可能性が高いです。ただでさえ問題集を一周するだけでも時間はかかるので、要復習の範囲を狭くして効率よく勉強していこうという意識を持つことが重要なのです。

また会計学の理論については、計算とのリンクを意識しながら理解重視で学習していきましょう。

その上で、財務会計論の理論については、直前期にサマリー教材を有効活用して頭に詰め込んでいくのがオススメです。その詳細は第2章で述べていますので、ぜひ参考にしてみてください。

管理会計論の理論については、原価計算基準はしっかりと通読しましょう。(原価計算でないほうの)管理会計に限っていえば、論文式試験の理論対策も点数に直結するので、理論の論文対策講義を視聴してみるのもいいでしょう。

### ② 論文式試験対策

論文式試験においても会計学が最重要です。とはいえ、学習のほとんどは「財務理論」の対策になると思います。

まず計算に関してやるべきことといえば、短答式試験で磨いた計算力が衰えないようにメンテナンスする程度で十分です。具体的には、定期的に答練を解いて、抜け落ちていそうな単元があればその都度復習していけばいいでしょう。時間的に余裕があれば、総合問題対策として財務会計論の「連結会計」を強化できれば万全です。

次に管理理論については、論証集を一通り理解していき、その中で重要な論証のキーワードのみを暗記していきましょう。すべてを覚えようとするとあまりに効率が悪いので、積極的に勉強範囲を絞っていくことが重要です。

そして肝心の「財務理論」ですが、やるべきことは非常にシンプルで「論証の丸暗記」です。ただし、その論証の数が膨大です。ほとんどの受験生にとって、すべての論証を暗記しきることは不可能だと言えるでしょう。恥ずかしながら私自身も、使っていた論証集の半分も覚えられないままに本番を迎えることになりました。

そのため、特に短期合格を目指している場合は、「いかに覚えるべきところを削るか」が重要になってきます。出題頻度の高い単元はどこなのか認識して、そこを重点的に覚えていきつつ、出題頻度が相対的に低い論証についてはは重要なキーワードのうち一つだけを覚えておく、あるいは割り切って捨ててしまうなどのメリハリが重要です。

会計学は最重要だということは常に念頭に置きつつも、柔軟に対策する範囲を決めていきましょう。


**【監査論】**


監査論は（選択科目を除くと）学習範囲がもっとも狭い科目である一方で、もっともイメージのしにくい科目でもあります。「監査」という業務自体、日常生活との直接的な接点がないので当然です。

そのため、監査論では「全体像を常に意識しながら、各業務を具体的にイメージしていく」という作業が特に重要です。

たとえば「分析的実証手続」について学習する場合、具体的に「要は与えられたデータをエクセルなどで分析して、そのデータの妥当性をチェックする作業のことか」といったようにざっくりと業務をイメージして、その業務を遂行しているところを想像しながらテキストを読んでいきましょう。

また、分析的実証手続の学習が終わった際に、「全体像の中の位置づけ」を毎回確認し直すことも重要です。私はある単元の学習が終わるごとに、予備校のテキストに載っていた「監査論の全体俯瞰図」に戻って、「今学習したところは、全体の中のここの部分か」ということを確認していました。

また、特に短答式試験において重要なことは、「言葉に慣れる」ということです。

短答式の問題では、言葉尻や言い回しのニュアンスの違いで正誤判断が異なってくることが多いです。たとえば、監査基準委員会報告書（監基報）に「●●の場合は○○をする。ただし、■■の場合は□□する」と記載されているとします。このうち前半の「●●の場合は○○をする」の部分だけが正誤問題として出題された場合、例外規定があるから誤りとするべきなのか迷ってしまいます。実際には、監基報の言葉をそのまま引っ張ってきたものなので基本的には「○」が正解になります。

こういった問題で得点するためには、「なんかこういう文章書いてあった気がする」というちょっとした引っ掛かりがあれば十分です。予備校の教材は監基報をもとに作られることが多いので、教材は「こういう文章が出題されたら○にすればいいのね」ということを意識しながら読んでいきましょう。

また、監査論は、特に過去問と同じ趣旨の問題が出題されやすいので、過去問を過去10年分くらい頭に叩き込むだけで高得点が望めます。さらには、監査論には「頻出出題分野」があり、毎年70点程度はその頻出出題分野から出題されるので、うまく利用してメリハリのある学習をしていきましょう。

次に論文式試験においては、全体像を押さえながら論証をある程度マスターすれば基本的には問題ありません。論文式試験特有の対策としては、監基報をカンニングペーパーとして使えるようにしておくことがあります。私自身、論証を覚え切ることはできませんでしたが、監基報をカンペとして使えそうな箇所を探して参照しながら、自分の理解を組み合わせた答案を書くだけで、上位5％程度の成績をとることができました。

普段から監基報を横に置いて学習して、「ここにこういう記述がある」ということを認識して、試験中に短時間で見つけられるようにしておくことをお勧めします。

**【企業法】**

企業法は短答式試験と論文式試験の対策方法がもっとも異なる科目といえるでしょう。

まず短答式試験に関しては、とにかく学ばなければならない分量が多いです。そのため、細かい規定の暗記は後回しにして、まずは全体像の把握に努めましょう。大枠を理解してからでないと、細かい知識を学んでいってもすぐに頭から抜け落ちてしまうためです。

おそらく初学者（特に学生の場合）は、株主総会や取締役会などと言われてもあまりイメージが湧かないと思います。その際、自分が経営者になった場合のことを具体的に想像してみて、なるべくイメージづけすることを意識しながら勉強していくことをお勧めします。そういった意識を持たないと、完全な文字情報としての暗記を強いられることになってしまうからです。

また、企業法では特にサマリー教材を有効活用しましょう。サマリー教材は直前の知識の詰め込み作業で活躍するのはもちろん、全体像を把握する手段としても非常に使えます。というのも、サマリー教材にはさまざまな表が載っている場合も多く、全体像を俯瞰することができるからです。

全体像を理解したうえで、問題を解きながらサマリーを活用して頭に詰め込んでいくことが合格への近道です。分量は多いですが、めげずに戦い抜いてください。

一方で論文式試験に関しては、知識の詰め込みというよりは法的な考え方を身につけることが重要です。具体的には、問題の所在を記した上で法的三段論法を用いて論じていくという「作文の作法」を押さえましょう。

その上で、「今回の問題はどの条文（どの文言）に関することが論点なのかを考えて、六法を参照して条文を見つけ出せること」や、「条文の趣旨から考えて規範を立てられること」などの、基本的な法的思考プロセスを意識して問題演習に取り組みましょう。

論証については初めから暗記しようとせず、「趣旨から考えて規範を立てていく」など論証の構造・内容について理解していくことが大切です。その論理構造に沿って記述できれば、論証を覚えなくても合格点は確実にとれます。また、この訓練により、初見の難問に出会っても、趣旨から考えて、それなりに説得的な論述が書けるようになるわけです。

**【租税法】**

租税法では「法人税、所得税、消費税」を学習していきますが、その実態は「計算科目の皮を被った暗記科目」です。

たとえば法人税の税率は、資本金1億円以下の中小法人であれば「所得金額のうち800万円までは15%で、それ以降は23・2%」と決まっています。この数字は「こうしましょう」と定められただけのものであり、理屈を見出すのは困難です。

そのため暗記がかなり重要になってくるのですが、その暗記の土台になってくるのが「全体像の把握」です。問題を解くたびに「要はこういうことをしたいのか」という脳内一言要約を必ずしながら学習していき、純粋な計算体系をなるべく早く把握しきってしまいましょう。

その上で、暗記はサマリー教材を積極的に活用しましょう。私自身、問題集を解きながら、抜け落ちている知識があったらその都度サマリー教材を開いて、周辺知識と合わせて確認していました。

租税の理論問題の特徴としては、「計算で学習した内容はどこに書いてあるでしょう」という法令基準等を用いた条文探しゲームという側面が強いので、計算を最低限盤石にしてから手をつけ始めてください。その上で、理論特有の知識を意識的に後付けしていくのがいいでしょう。

とにかく、租税法は「しっかりと暗記しさえすれば得点源になる科目」です。覚えることが多くて大変ですが、サマリー教材を利用するなど工夫して、何とか乗り切っていきましょう。

**【選択科目】**

選択科目は「経営学、経済学、民法、統計学」の中から1科目を選択します。統計学は数学的素養がある人、民法は司法試験の経験者などが選ぶことはあると思いますが、ほとんどの受験生は経営学を選択しています。

一方で、経営学は「みんなが選択するから」という理由で選択する人が多い分、受験者全体のレベルは比較的低いです。そのため、しっかりと対策をすれば高得点が望めます。私自身も経営学を選択しました。

経営学は、計算メインの「財務管理」と、理論メインの「経営管理」の2つに分けられます。

両者に共通して言えることは、理解重視で学習を進めていく中で、随時問題集でアウトプットすることが重要だということです。また、特に経営管理においては、サマリー教材を最大限活用していきましょう。

そして、経営学に関しては「出題されてもおかしくないが、その頻度はかなり低い内容」がかなり多く存在し、学習範囲を広げようと思えばいくらでも広げられてしまいます。

もちろん時間に余裕があればそういった保険論点に手を出してもらって構いません。しかし、短期合格を目指す方は「いかにコスパ良く経営学の学習を終えるか」を重視して、すべて切り捨ててしまっても合否に影響はないでしょう。

## 公認会計士試験の概要

公認会計士は監査業務が行える唯一の国家資格です。
試験は金融庁の公認会計士・監査審査会が実施します。年に2回行われる短答式試験のうちどちらかで合格すれば、論文式試験へと進めます。短答式試験に合格した場合は、論文式試験で不合格でも、2年間、短答式試験の免除を受けられます。

公認会計士試験合格率 **7.7%**（2022年）

論文式試験が終了するとすぐ、翌年の論文式試験に向けての第I回短答式試験が開催されます。詳細スケジュールは年ごとに発表されるので、要確認です。

### 公認会計士試験実施スケジュール

インターネット出願が便利です！

| | | 第I回短答式試験 | 第II回短答式試験 |
|---|---|---|---|
| 願書受付 | インターネット | 8月下旬～9月中旬 | 翌年2月上旬～2月下旬 |
| | 書面（郵送） | 8月下旬～9月上旬 | 翌年2月上旬～2月中旬 |
| 短答式試験 | | 12月上旬～中旬 | 翌年5月下旬 |
| 短答式試験合格発表 | | 翌年1月下旬 | 翌年6月下旬 |
| 論文式試験 | | 翌年8月中旬～下旬 | |
| 論文式試験合格発表 | | 翌年11月中旬 | |

### 公認会計士になるまでのスケジュール

出願 ▶ 短答式試験 ▶ 短答式試験合格 ▶ 論文式試験 ▶ 論文式試験合格 ▶ 実務試験 実務補習（修了考査含む） ▶ 公認会計士登録 ▶ 公認会計士

**短答式試験**
4科目
・財務会計論 ・管理会計論
・監査論 ・企業法
合格した場合は、2年間免除を受けることができます。

**論文式試験**
5科目
〈必須科目〉
・会計学 ・監査論
・企業法 ・租税法
〈選択科目（1科目）〉
・経営学 ・経済学
・民法 ・統計学
不合格になった場合でも、相当の成績を修めた科目は2年間免除を受けることができます。

試験地は全国11ヵ所です。

東京都、大阪府、北海道、宮城県、愛知県、石川県、広島県、香川県、熊本県、福岡県、沖縄県

## おわりに

# 人生は「神ゲー」？　それとも「クソゲー」？

すべての物事は、考え方一つで大きく転じ得ます。たとえば、ある「失敗」をピンチと見るかチャンスと見るかで、その後の逆転劇の成否は変わっていくことでしょう。

本書でも「苦手科目はただの思い込みであることが多い（第3章140ページ）」など、考え方を変えるだけで解決できてしまう問題を多く扱ってきました。

さて、**私の原動力は、実は「究極的なポジティブさ」にある**のかもしれません。

「翌年の司法試験に一発で合格できるだろう」「公認会計士試験1ヵ月半前の模試で半分しか点数が取れなかったけれども、まだどうにでもなるだろう」「教育系YouTuberというニッチなジャンルだとしても、いつか登録者数100万人達成をするだろう」

誰もが一見無謀だと感じることに、思い切って一歩を踏み出すことができたのは、私が圧倒的にポジティブだからです。人によっては、見積もりが甘い楽観主義者として映るかもしれません。しかし、この第一歩がなければ、私はいずれの目標も達成することはできていませんでした。

そういう意味では、私が数々の資格を取得できている理由は、このポジティブさにあるのかもしれないのです。

もちろん、ポジティブであることは、その人にとって毒にもなり得ます。たとえば、「私は今本気を出していないだけで、本気を出せばなんだってできる」と慢心してダラダラし続けてしまう人は、ポジティブであることが負の作用を及ぼしています。

「本気で頑張りさえすれば、私は何だってやれる。だから本気で頑張ろう」という、**向上心に満ち溢れた「ポジティブなポジティブさ」を持ち合わせることが重要**なのです。

本書を読んでいる皆さんは、おそらく「資格試験に合格したい」という強い思いで本書を手に取ってくださっているわけですから、すでに資格試験合格に向けての第一歩を踏み出しています。その勢いを失わずに、**「必ず合格できる」というポジティブさを持って最後まで走り抜けていただきたい**と思っています。

最後に一つ、考えてみてください。

この本の中では「資格試験をゲームに見立てて攻略する」方法論を紹介していますが、今回は「あなたの人生」それ自体をゲームとして考えてみましょう。

実は、人生をゲームに見立てた有名な話として、「神ゲー／クソゲー」論争（ゲーはゲームの略）があります。それぞれの立場の意見としては、次のようなものがあります。

**・神ゲー派の意見**

●圧倒的に自由度が高く、自分の選択次第でエンディングが変わる。
●無限ピクセルでフレームレートも高く、画質が良すぎる。
●運動や勉強、社交性や優しさなど、スペックの多様性がすごい。
●自分の努力次第で、自分の好きなパラメーターを伸ばしていける。
●一瞬たりとも時間が戻ってこない、という緊張感が楽しめる。
●ＢＧＭやゲーム内ゲームなどの選択の幅も非常に大きい。
●すべての登場キャラが深い人間性と歴史を持っている。
●努力すればギリギリ倒せる、バランス調整が絶妙な敵が多い。

**・クソゲー派の意見**

- 生まれ落ちた時点で初期能力（才能）に差がある。
- 致命的な失敗をしてもリセットボタンを押せない。
- 周りの大人や教師、上司なども選べない。
- 自分の努力では変えられない不都合な現実が多すぎる。
- シナリオがないか、あったとしても残酷なものが多い。
- 目指すべきゴールが明確でなく、迷走しやすい。

もちろん「どちらの立場が正しい」ということはありません。

**大切なのは「どちらだと考えたほうが、あなたの人生を前向きに過ごせるか、あるいはあなたの人生の幸福が最大化されるか」ということ**です。

あなたの「人生というゲーム」の主人公は、あなたしかいません。あなたがゲームをプレイし終えるときに、「楽しいゲームだった」と満足できることを心から願っております。

２０２３年３月
河野玄斗

## Profile

**河野玄斗**（こうのげんと）

1996年、神奈川県生まれ。東京大学医学部医学科卒。東大在学中の2017年(4年生)に司法試験に一発合格。同年には第30回ジュノン・スーパーボーイ・コンテストでベスト30入りを果たす。東大卒業時には、医師国家試験に一発合格。さらに教育会社Stardyを設立。受験予備校「河野塾ISM」の塾長として教育活動を行う一方で、「Stardy—河野玄斗の神授業」というYouTubeチャンネルを配信。登録者は100万人を超えている。2022年には三大難関資格の最後の一角、公認会計士試験に挑戦し、またしても一発合格。現在は監査法人に勤務しながら、塾長として、またYouTuberとしての活動などを続けている。

デザイン　門田耕侍
構　成　奥津圭介
イラスト　みずのあきさ

資格《しかく》試験《しけん》のための最短《さいたん》最速《さいそく》勉強法《べんきょうほう》

# 速学《そくがく》のススメ

2023年5月17日　第1刷発行

著者　河野玄斗《こうのげんと》


発行者　森田浩章
発行所　株式会社　講談社
〒112-8001 東京都文京区音羽2-12-21
電話　編集 (03)5395-3474
販売 (03)5395-3608
業務 (03)5395-3615
印刷所　大日本印刷株式会社
製版所　大日本印刷株式会社
製本所　株式会社国宝社

KODANSHA



N.D.C. 002　192p　19cm　Printed in Japan
ISBN 978-4-06-529896-1